I0111037

SALIENDO DE LA OSCURIDAD

Rescatado del Mal Camino

VICTOR M. ROMERO C.

Este libro, titulado "SALIENDO DE LA OSCURIDAD: Rescatado del Mal Camino", está registrado ante la Oficina de Derechos de Autor de los Estados Unidos (U.S. Copyright Office) bajo el número de caso 1-15065629321.

Fecha de sumisión: 27 de diciembre de 2025.
Registro en trámite ante la U.S. Copyright Office.
Tipo de obra: Literaria.

Este libro forma parte de la colección **"Camino de Santidad"**, dedicada a la formación espiritual, restauración del alma y discernimiento profético en los tiempos finales.

Toda similitud con personas, lugares o eventos reales ha sido tratada con respeto y propósito espiritual.
La obra ha sido consagrada como instrumento de luz, enseñanza y llamado pastoral.

ISBN: 979-8-9937568-2-0
Diseño de cubierta y edición: Victor Manuel Romero Celis
Impreso en los Estados Unidos de América

Para contacto, colaboraciones o acceso a contenido adicional, escanee el código QR en la contraportada.

"Yo publicaré el decreto; Jehová me ha dicho: Mi hijo eres tú; Yo te engendré hoy."
(Salmos 2:7)

ÍNDICE GENERAL

Prologo

"...Y habrá allí calzada y camino, y será llamado Camino de Santidad; no pasará inmundo por él, sino que él mismo estará con ellos; el que anduviere en este camino, por torpe que sea, no se extraviará..."

(Isaías 35:8)

Este libro que tienes en tus manos es parte de un camino mayor: la colección **Camino de Santidad**, compuesta por 64 volúmenes que, poco a poco, irán revelando las historias reales que Dios ha escrito con mi vida. Cada libro es un testimonio, una enseñanza y una invitación. Algunos títulos ya han sido anunciados, como **"El Hombre y sus Caminos: El Diseño Divino y Elección Humana"** y **"La Montaña: El Retrato del Camino de Santidad"**. Otros permanecerán como sorpresas, esperando el momento oportuno para salir a la luz y acompañar tu propio recorrido espiritual.

Este segundo libro, **"SALIENDO DE LA OSCURIDAD: Rescatado del Mal Camino"**, está dividido en dos partes que reflejan el contraste entre la caída y la restauración:

Primera Parte – El Mal Camino Secciones I, II, III y IV (12 capítulos). Aquí se describe la herida emocional, el engaño espiritual, la fuerza de la carne y los mensajes destructivos que desvían al alma. Es el descenso, el reconocimiento de la oscuridad y la necesidad de un Salvador.

Segunda Parte – Saliendo del Mal Camino Secciones V, VI, VII y VIII (12 capítulos). Aquí se desarrolla el despertar de la conciencia de pecado, el encuentro con la cruz en la madrugada, el testimonio que se convierte en gozo y el rescate orquestado por Dios. Es el retorno, el reinicio y la confirmación de que el Padre siempre espera con brazos abiertos.

9

Cada sección contiene tres capítulos, y la numeración se mantiene continua del 1 al 24, para que el lector perciba el libro como un solo viaje dividido en etapas. Esta estructura refleja que la vida cristiana no es una serie de fragmentos aislados, sino un proceso integral: un camino que atraviesa heridas, lágrimas y llamados, hasta llegar al abrazo del Padre y la comunión con su pueblo.

El propósito de este libro no es solo narrar, sino ministrar. No es únicamente enseñar, sino acompañar. Aquí encontrarás reflexión, testimonio y oración. Aquí descubrirás que el retorno no es retroceder, sino reiniciar; que la cruz no es símbolo, sino poder; que las lágrimas no son vergüenza, sino liberación; y que el llamado de Dios no depende de tu tiempo, sino de su soberanía.

Este prólogo es una invitación: abre tu corazón, disponte a caminar conmigo por estas páginas, y deja que el Espíritu Santo te muestre que tu historia también puede ser transformada. Porque el Camino de Santidad no es solo mi colección de libros, es la senda que Dios quiere trazar en tu vida.

Victor Manuel Romero Celis

Introducción

Este libro forma parte de la colección Camino de Santidad, una obra extensa que constará de 64 libros. Cada título es un peldaño en la escalera espiritual, un capítulo de la gran historia que Dios ha escrito con mi vida.

Aunque este volumen continúa la secuencia iniciada en **"El Hombre y sus Caminos: El Diseño Divino y Elección Humana"**, también abre la puerta al siguiente: **"La Montaña: El retrato del Camino de Santidad"**. Sin embargo, estos tres no son los únicos. Son apenas el inicio de una colección que se desplegará como un mapa de gracia y verdad.

Los demás títulos serán sorpresas, revelaciones que llegarán en su momento, con más testimonios reales, más heridas sanadas, más encuentros con Dios narrados desde la intimidad. Cada libro será un espejo y un camino: un reflejo de lo que el Espíritu ha hecho en mí, y una invitación para que el lector descubra lo que Él quiere hacer en tu propia vida.

Este segundo libro, **"SALIENDO DE LA OSCURIDAD: Rescatado del Mal Camino"**, es un puente. Un espacio donde el alma reconoce su necesidad, experimenta el poder de la cruz y se prepara para subir la montaña de la santidad. No es necesario haber leído el anterior para comprender este, pero juntos forman un arco narrativo que refleja el proceso de la vida cristiana: caída, retorno y ascenso.

Victor Manuel Romero Celis

PRIMERA PARTE

- EL MAL CAMINO -

Una Travesía por la Herida Emocional, el Engaño Espiritual, la Carne y los Mensajes Destructivos.

- EL MAL CAMINO -

Una Travesía por la Herida Emocional, el Engaño Espiritual, la Carne y los Mensajes Destructivos.

Hay caminos que no se eligen... se heredan. Hay heridas que no se nombran... pero sangran. Y hay voces que nos susurran desde la oscuridad, prometiendo luz, pero sembrando engaño.

Esta primera parte es una travesía por el mal camino que recorrí en lo profundo de mi historia. No es una celebración del dolor, ni una exposición morbosa del pasado. Es una confesión luminosa, una memoria redimida, una forma de decir: "Aquí estuve... y Dios me vio y me rescato."

Lo que encontrarás en esta Primera Parte:

Sección I: Raíces Rotas - La herencia emocional que me marcó sin palabras. El peso invisible de lo que recibí antes de saber quién era.

Sección II: Sombras que Prometían Luz - El espiritismo como refugio falso. Una espiritualidad sin Dios, que me llevó más lejos de lo que imaginaba.

Sección III: Fuego en la Sangre - La carne, el deseo, la caída. Cómo lo humano sin lo divino se convierte en prisión.

Sección IV: Voces que me Rompían - Los mensajes destructivos que me formaron. Palabras que me alejaban de la verdad, del amor, de mí mismo.

Cada sección está compuesta por tres capítulos:

> **Mi Historia:** Un testimonio personal que narra sin adornos.

> **Tesoros Valiosos:** Una enseñanza teológica que ilumina con verdad.

> **Mi Espacio Intimo:** Un capítulo en donde el lector encontrara un **Dialogo Interior:** Una reflexión íntima que dialoga con el alma, **Susurros del Espíritu:** Un susurro santo que acaricia el espíritu del hombre y una oportunidad para que **Hablando con Dios:** por medio de una oración pastoral entrega todo a Dios.

Este no es un camino fácil. Pero es necesario. Porque antes de hablar de redención... Hay que mirar de frente la herida.

16

Sección I

RAICES ROTAS

La Herencia que me Dolía en Silencio

"...El camino de los impíos es como la oscuridad; No saben en que tropiezan..."
(Proverbios 4:19)

Sección I: RAÍCES ROTAS *La Herencia que Me Dolía en Silencio*

El Mal Camino y la Herida Emocional Heredada …

Hay caminos que no se eligen. Hay heridas que no se nombran. Y hay tormentas que se heredan antes de aprender a navegar.

Esta sección abre el libro con un descenso íntimo hacia las raíces emocionales que marcaron mi historia. No es una exploración teórica, sino una confesión luminosa: el relato de cómo la herencia emocional —invisible, silenciosa, poderosa— me colocó en el mal camino antes de que pudiera discernirlo.

Aquí no hay culpables. Solo historias que necesitan ser comprendidas para poder ser redimidas.

Lo que encontrarás en esta sección:

Capítulo 1: Mi Historia. Testimonio, una narración honesta sobre mi origen, mis padres, y la atmósfera emocional que heredé sin saberlo.

Capítulo 2: Tesoros Valiosos. Enseñanza Teológica, una mirada bíblica y doctrinal sobre la herencia emocional, la maldición generacional, y el impacto espiritual de nuestras raíces.

Capítulo 3: Mi Espacio Intimo. Es un capítulo compuesto de:

> ➢ **Dialogo Interior.** Reflexión personal, un espacio íntimo para contemplar cómo nuestras heridas heredadas afectan nuestras decisiones, relaciones y espiritualidad.
> ➢ **Susurros del Espíritu.** Palabras suaves que acarician el alma, revelando que Dios siempre estuvo presente, incluso en medio del dolor heredado.

➤ **Hablando con Dios.** Una oración que no solo pide sanidad… sino que honra la historia, entrega el dolor, y abre el corazón a la redención.

Esta sección no busca cerrar heridas… Busca nombrarlas. Porque solo lo que se nombra puede ser sanado. Y solo lo que se comprende puede ser redimido.

Capítulo 1

MI HISTORIA

La Herencia Emocional que Emerge en el Mal Camino

Cuando el alma nace con mapas rotos...

"El camino de los impíos es como la oscuridad; No saben en qué tropiezan." (Proverbios 4:19)

Antes de saber quién era, ya caminaba. Antes de elegir, ya heredaba. Y antes de tropezar, ya había sombras en mi ruta.

Este capítulo no comienza con una decisión... Comienza con una herencia. Una atmósfera emocional que me envolvía desde el nacimiento, tejida por las historias no sanadas de mis padres. No es una acusación. Es una contemplación. Porque solo al mirar hacia atrás con ternura, puedo entender por qué mi alma navegaba sin mapa, sin timón, sin viento.

En mi libro **"El Hombre y Los Caminos"**, hablamos del hombre y los diferentes caminos existentes. Caminos rectos, caminos torcidos, caminos que elevan y caminos que extravían. También exploramos las condiciones del viajero: su fatiga, su visión, su orientación. Pero ahora, el relato se vuelve personal, escribo de mí.

Aquí comienza mi historia. La historia de cómo era mi vida antes de iniciar el ascenso hacia la cima de la montaña. Antes de ser llamado al Camino de Santidad. Antes de que el Espíritu soplara sobre mis velas.

En términos náuticos —que son también espirituales— mi sistema de flotabilidad estaba comprometido, mis motores eran débiles,

21

y mi timón giraba sin dirección. Mi cuerpo, mi alma y mi espíritu navegaban sin mapa, heredando tormentas que no sabía nombrar.

La Herencia Emocional: *Que Emerge en el Mal Camino*

Nací el 15 de noviembre de 1972, en Caracas, Venezuela. En esa fecha una pequeña embarcación salió a la luz del mundo, una criatura que tendría que aprender a construir sus motores, a calibrar su timón, a resistir las corrientes de la vida.

Pero antes de seguir hablando de mí, debo hacer un paréntesis y hablar de ellos: mis padres. Porque ignorar nuestras raíces es como navegar sin conocer el origen del viento. Y sin ese conocimiento, es imposible trazar rutas de restauración.

La Herencia del Padre

Mi padre nació en Colombia, en 1935, en un hogar estructurado y próspero. Su padre era agricultor y comerciante; su madre, dedicada al hogar. Ellos tuvieron nueve hijos, quienes crecían en un ambiente de orden, trabajo y abundancia.

Pero cuando mi padre tenía siete años, una tragedia desarraigó su alma: su padre fue asesinado (quien sería mi abuelo). Con este suceso espantoso la familia pasó de estabilidad a orfandad. Mi abuela, frente a esta situación, decidió emigrar con sus hijos a Venezuela, buscando seguridad y un nuevo espacio para sus hijos, donde pudieran olvidar el pasado triste y doloroso.

Desde entonces, mi padre además de los elementos emocionales que generan la imigracion cargó con el vacío de un padre ausente, la responsabilidad prematura, y el dolor silenciado. Su identidad emocional se moldeó en la necesidad de sobrevivir:

22

- Inseguridad disfrazada de Fortaleza.
- Control como mecanismo de defensa.
- Dureza como escudo ante el abandono.
- Silencio como refugio frente al dolor

Estas no fueron decisiones conscientes, sino respuestas humanas ante el trauma. Y esas respuestas se convirtieron en parte de su genética emocional, transmitida por sangre y por testimonio.

La Herencia de la Madre

Mi madre nació en Venezuela, fruto de un encuentro fugaz entre un oficial de la marina y una mujer marcada por la pobreza. Un encuentro furtivo en una fiesta, en donde, los progenitores de mi madre se conocieron superficialmente, y que quizás con algo de alcohol y algo de música, como un preludio para la cama y el contacto íntimo, descargaron todas sus pasiones carnales sin el entendimiento del significado del amor y la responsabilidad de procrear una hija.

Su padre nunca ejerció su rol, nunca miro por ella, la abandonó. Su madre, sin recursos emocionales ni espirituales, la entregó a otra mujer para que la criara (a su abuela).

Mi madre creció sin padre ni madre, sin pertenencia, sin afecto natural, sin validación. Su identidad emocional se formó en la carencia:

- Sentido de abandono.
- Búsqueda de aceptación en lo superficial.
- Fragilidad emocional sin raíces.
- Necesidad de afecto sin saber cómo recibirlo, ni como darlo.

Ella no eligió esa historia, pero esa historia la eligió a ella. Y esa historia se convirtió en parte de su ser. Una herencia invisible, pero poderosa.

23

La Unión de Dos Mundos

Mi padre y mi madre se encontraron en Caracas, Venezuela. Él tenía 37 años; ella, apenas 17. Se enamoraron, se casaron, y comenzaron a tejer una nueva historia.

Pero era la unión de dos mundos fracturados, dos corazones marcados por la ausencia de amor paternal. Ambos enfrentaron la vida sin modelos vivos. Ambos cargaban heridas similares.

Su unión fue el cruce de:

- Genética saturada de carencias.
- Comportamientos moldeados por el dolor.
- Espiritualidad sin revelación.
- Emociones sin dirección.

Y de esa unión nací yo. No como una víctima, sino como un heredero de una historia que necesitaba redención.

Lo que Recibí sin Saberlo

Desde mi nacimiento, mi alma ya navegaba con mapas rotos. No por culpa, sino por causa. Recibí:

- Inseguridad como sombra constante.
- Falta de sentido de pertenencia.
- Hambre de afecto genuino.
- Necesidad de validación.
- Temor al abandono.
- Confusión espiritual heredada.

Estas no eran simplemente emociones, eran ecos de historias no sanadas. Y esos ecos se convirtieron en mi atmósfera interior.

24

Este capítulo no busca señalar culpables. Mis padres hicieron lo que pudieron con lo que tenían. Y lo que tenían eran heridas.

Pero al entender sus historias, puedo entender la mía. Y al entender la mía, puedo comenzar a sanar. Y siendo sano, puedo ayudar a otros…

Capítulo 2

TESOROS VALIOSOS

La Herencia Emocional y La Restauración en Dios

Cuando el modelo se rompe, la verdad se distorsiona...

"Él hará volver el corazón de los padres hacia los hijos, y el corazón de los hijos hacia los padres..." (Malaquías 4:6)

Hay verdades que no se enseñan... se modelan. Y cuando el modelo está roto, la verdad se desfigura.

Muchos crecen sin haber visto lo que significa tener un padre amoroso. Y en esa ausencia, el alma genera una lógica emocional distorsionada: "Así son todos los padres." "Así debe ser la paternidad." "Así se vive el afecto." "Así debe ser Dios".

Cuando no se cuenta con un modelo ideal, se tiende a aceptar lo existente. Y en esa condición, se pierde la capacidad de evaluar, de discernir, de sanar. Así nace lo que podríamos llamar una maldición generacional: una secuencia de patrones defectuosos que se repiten sin conciencia, copiados de generación en generación.

Pero cuando el hombre se encuentra con Dios... Cuando el Espíritu Santo comienza a sanar las heridas... Cuando el padre herido aprende a abrazar, a afirmar, a guiar... Entonces la secuencia se rompe. Entonces la maldición se transforma en bendición. Entonces el modelo se redime.

Este capítulo es un tesoro. No porque sea perfecto, sino porque revela verdades que sanan. Verdades que restauran la identidad, la paternidad, la herencia emocional. Verdades que nos enseñan que Dios no solo salva... también reescribe la historia.

1. El Diseño de Dios: *Padres como Reflejo del Cielo*

"*Dios hace habitar en familia a los desamparados...*" (Salmo 68: 6a)

Desde el principio, Dios soñó con hogares que fueran más que estructuras físicas. Soñó con refugios del alma, con altares cotidianos, con espacios donde el amor se encarna en gestos, palabras y silencios seguros.

El padre y la madre no son solo figuras funcionales: son portadores de identidad, afecto, dirección y cobertura espiritual. Juntos, deberían reflejar el carácter de Dios:

❖ Justicia y misericordia.

❖ Firmeza y consuelo.

❖ Autoridad y ternura.

El padre representa autoridad que afirma, presencia que guía, voz que llama al destino.

La madre representa ternura que nutre, abrazo que consuela, mirada que da seguridad.

Un buen hogar no es perfecto... pero es seguro, predecible, lleno de verdad y gracia. Es un lugar donde el alma puede descansar sin miedo a ser rechazada. Donde el error no se castiga con abandono, sino que se corrige con amor. Donde la disciplina no hiere, sino que forma. Donde la ternura no debilita, sino que fortalece.

Características de un hogar según el corazón de Dios:

➢ **Equilibrio entre Ternura y Disciplina**: Amor que abraza, pero también corrige. Límites claros, pero con voz suave. Un "no" que no hiere, y un "sí" que no consiente el caos.

28

➤ **Autoridad que Protege, no que Oprime**: Padres que no gobiernan desde el miedo, sino desde el ejemplo. Que no exigen perfección, pero sí siembran dirección.

➤ **Pertenencia Emocional:** Un lugar donde cada hijo sabe que es esperado, deseado, celebrado. Donde no se compite por amor, porque el amor no se raciona.

➤ **Paz como Atmósfera:** No ausencia de conflictos, sino presencia de reconciliación. Un hogar donde se puede llorar sin ser juzgado, y reír sin ser interrumpido.

➤ **Seguridad Espiritual:** Donde se ora, se canta, se bendice. Donde Dios no es un tema tabú, sino un huésped permanente.

Cuando esta estructura se rompe —por ausencia, por violencia, por indiferencia— el alma queda expuesta. No importa cuán fuerte parezca una persona: la falta de un modelo sano deja huellas profundas, aunque estén disfrazadas de autosuficiencia o éxito.

Y lo más doloroso es que, si nunca se ha visto un hogar así, el corazón puede llegar a creer que lo disfuncional es normal. Que el grito es comunicación. Que el silencio es paz. Que el control es amor. Y así, el error se hereda… hasta que alguien se encuentra con Dios y decide romper la secuencia.

2. La Herida Oculta: *Seguridad Falsificada*

"¿Puede una madre olvidar a su hijo? Aunque ella lo hiciera, yo no te olvidaré." (Isaías 49:15)

Muchos dicen: "Yo crecí sin padre y no lo necesité." Pero esa afirmación suele esconder un dolor no verbalizado. La negación no es sanidad, es defensa. Y la defensa no es fortaleza, es miedo disfrazado.

El niño que no fue abrazado aprende a no pedir abrazo.

El joven que no fue afirmado aprende a buscar validación en el rendimiento.

El adulto que no fue guiado aprende a controlar para no ser vulnerable.

Estas conductas no son señales de madurez, sino síntomas de una herida no tratada. Y esa herida se manifiesta en:

- Relaciones rotas

- Dificultad para confiar

- Temor al abandono

- Necesidad de control

- Rechazo a la autoridad

Cuando la Herida no se Trata, el Hogar se Convierte en Campo de Batalla

Las heridas emocionales no sanadas no se quedan en el corazón del individuo... se filtran en el ambiente del hogar. Y lo que debería ser un refugio, se convierte en un lugar de tensión, confusión y caos.

Padres heridos que no saben cómo amar, y por eso exigen en lugar de afirmar. Corrigen sin ternura, y protegen sin presencia.

Madres heridas que no saben cómo consolar, y por eso silencian en lugar de escuchar. Nutren con miedo, y abrazan con ansiedad.

Hijos que crecen sin saber si son vistos, si son deseados, si son suficientes. Y en esa incertidumbre, aprenden a sobrevivir... pero no a pertenecer.

Todas estas circunstancias pueden generar las siguientes repercusiones emocionales:

- Ambientes cargados de tensión, donde el silencio es más ruidoso que las palabras.

- Comunicación rota, donde cada conversación se convierte en defensa o ataque.

- Afecto condicionado, donde el amor se da solo si hay obediencia o rendimiento.

- Hijos que aprenden a esconder sus emociones para no ser juzgados.

- Padres que repiten lo que vivieron, sin saber que están perpetuando el dolor.

Y no solo afecta el área emocional de los individuos que pertenecen a ese hogar, sino que también puede afectar y traer repercusiones espirituales tales como:

o **Imagen distorsionada de Dios**: Si el padre terrenal fue ausente o duro, el corazón puede imaginar a Dios como lejano o severo.

o **Dificultad para orar**: Porque el alma no sabe cómo hablar con un Padre que no se parece al que conoció.

o **Rechazo a la autoridad espiritual**: Porque toda figura de liderazgo se asocia con control, no con cuidado.

o **Religiosidad sin intimidad**: Porque se aprende a cumplir reglas, pero no a recibir amor.

31

El Despertar Necesario

Cuando el lector se ve reflejado en esta descripción, no debe sentir condena... sino invitación a la restauración.

La sanidad comienza cuando se reconoce la herida. No para culpar, sino para redimir. No para mirar atrás con rencor, sino para mirar hacia adelante con esperanza.

Dios no solo quiere sanar al individuo... quiere restaurar el ambiente del hogar. Quiere romper la secuencia, y sembrar una nueva atmósfera: de paz, de afecto, de pertenencia, de bendición.

3. Dios: *El Padre que Nunca Falta*

La herencia emocional se redime cuando el alma descubre que tiene Padre...

"Aunque mi padre y mi madre me dejaran, con todo, Jehová me recogerá." (Salmo 27:10)

La buena noticia del Evangelio no es solo que Dios salva... Es que Dios adopta, afirma, abraza, transforma. Él no solo perdona el pecado, sino que sana la herencia emocional. No solo limpia el pasado, sino que reescribe la identidad.

Dios no Solo es Creador... es Padre

Desde Génesis hasta Apocalipsis, las Escrituras revelan a Dios no solo como el Todopoderoso, sino como el Padre que busca, que llama, que acoge.

En Éxodo, Dios llama a Israel: *"Mi hijo, mi primogénito"* (Éxodo 4:22).

En los Salmos, David clama: *"Como el padre se compadece de los hijos, así se compadece Jehová..."* (Salmo 103:13).

En los Profetas, Dios dice: *"Con cuerdas de ternura los atraje, con lazos de amor..."* (Oseas 11:4).

En los Evangelios, Jesús revela: *"Cuando oréis, decid: Padre nuestro..."* (Lucas 11:2).

En las cartas, Pablo proclama: *"No habéis recibido espíritu de esclavitud... sino espíritu de adopción, por el cual clamamos: ¡Abba, Padre!"* (Romanos 8:15).

Dios no es un concepto. Es un Padre presente, cercano, tierno, firme, redentor.

El Hombre Redimido: Hijo por Gracia

Cuando el hombre se encuentra con Dios, no solo se convierte en creyente... Se convierte en hijo. Y esa identidad lo transforma desde adentro.

El que nunca fue afirmado, ahora escucha: *"Tú eres mi hijo amado, en ti tengo complacencia."*

El que nunca fue abrazado, ahora siente: *"Como gallina que junta sus polluelos, así te quise abrazar."*

El que nunca fue guiado, ahora recibe: *"Yo te enseñaré el camino que debes seguir."*

El que nunca fue llamado por su propósito, ahora es nombrado: *"Te he llamado por tu nombre; mío eres tú."*

La revelación de Dios como Padre no es una doctrina... Es una experiencia que transforma la genética emocional. Es el momento en que el alma deja de mendigar afecto, y comienza a vivir desde la certeza de que es amada, deseada, abrazada.

Ejemplos Bíblicos que Revelan al Padre

El hijo pródigo (Lucas 15): No fue recibido con juicio, sino con abrazo. El padre corrió, lo vistió, lo celebró. Porque el amor del Padre no espera perfección, sino regreso.

Mefiboset (2 Samuel 9): Nieto de Saúl, lisiado, olvidado... Pero David lo llama, lo sienta a la mesa, lo trata como hijo. Así hace Dios con los que creen que no merecen pertenecer.

Jesús mismo (Mateo 3:17): Antes de hacer milagros, antes de predicar... El Padre lo afirma: "Este es mi Hijo amado." Porque la identidad precede a la misión.

Dios no solo te creó... Te adoptó.

No solo te perdonó... Te llamó hijo.

No solo te vio... Te abrazó.

Y en ese abrazo, la herencia rota comienza a sanar, y el alma aprende a vivir desde la certeza: "Tengo Padre. Soy hijo. Estoy en casa."

4. Identificar para Crecer

"Examíname, oh Dios, y conoce mi corazón; Pruébame y conoce mis pensamientos." (Salmo 139:23)

El crecimiento espiritual no ocurre por acumulación de conocimiento, sino por confrontación con la verdad. Y esa verdad no siempre es cómoda... pero siempre es liberadora.

Identificar no es etiquetar. Es entender con compasión. Es mirar a quienes nos rodean —padres, hijos, cónyuges— y reconocer que muchos de sus comportamientos no nacen de maldad, sino de heridas no sanadas.

La Identificación como Acto de Amor

Necesitamos reconocer la herencia emocional recibida no para culpar, sino para comprender. Porque lo que se comprende, se puede redimir.

Identificar patrones de comportamiento que nacen del dolor no para juzgar, sino para sanar. Porque lo que se nombra, se puede transformar.

Ver al otro no como enemigo, sino como herido. Y al verlo así, el corazón se ablanda, y la atmósfera del hogar comienza a cambiar.

La Transformación Comienza en la Intimidad

Este proceso no se logra con esfuerzo humano solamente. Se necesita comunión con Dios, culto personal, oración íntima, lectura de las Escrituras. Porque solo el Espíritu Santo puede revelar lo que está oculto y sanar lo que está enterrado.

➢ En la oración, el alma se desnuda sin miedo.
➢ En la Palabra, el corazón encuentra dirección.
➢ En la presencia de Dios, la identidad se afirma.
➢ En el silencio con Él, las heridas comienzan a cerrarse.

Pasos Hacia la Restauración

1. Reconocer: "Esto que siento no es normal... es herencia."
2. Revelar: "Espíritu Santo, muéstrame lo que no veo."
3. Redimir: "Padre, sana lo que heredé sin saber."
4. Reescribir: "Hoy decido construir algo nuevo."
5. Repetir: "Cada día, en comunión contigo, avanzo un paso más."

Solo cuando se identifica la raíz, puede cambiar el fruto.

Solo cuando se reconoce la ausencia, puede recibirse la presencia de Dios.

Solo cuando se deja de negar el dolor, puede comenzar la sanidad.

Capítulo 3

MI ESPACIO INTIMO

Donde el Alma es Sanada por Dios

Antes de continuar, te invito a detenerte.
A respirar.
A abrir el corazón sin prisa, sin defensa, sin juicio.

Este capítulo no es para entender... es para sentir. Es un espacio íntimo, creado para ti.
Aquí no hay exigencias, solo presencia.
Aquí no hay presión, solo ternura.

Prepárate para hacerte preguntas que quizás nunca te hiciste. Para escuchar palabras que tu alma necesita oír. Y para hablar con Dios desde lo más profundo, como hijo, como hija, como alguien que está siendo restaurado.

Este es tu espacio íntimo. Tu momento con Él. Tu encuentro con la verdad que sana.

DIALOGO INTERIOR

¿Y si tu Historia puede Cambiar?

Reflexión personal para el alma que quiere sanar

¿Alguna vez pensaste que vivir un infierno dentro de tu hogar era tu destino irremediable?

¿Que el dolor que heredaste es tu única herencia?

¿Que estás condenado a vivir herido, repitiendo lo que te hicieron?

¿Has sentido que el silencio de tus padres se convirtió en tu propio silencio?

¿Que el grito que escuchaste de niño ahora vive en tu tono de voz?

¿Que la ausencia que te marcó ahora se refleja en tu forma de amar?

Detente un momento...

No para juzgarte.

No para culpar a nadie.

Sino para mirar con ternura lo que aún no has nombrado.

¿Has identificado patrones en tu hogar que no deseas repetir?

¿Has sentido que tu forma de reaccionar no siempre nace del presente, sino de heridas pasadas?

38

¿Has notado que tus hijos, tu pareja, tus padres... también cargan historias no sanadas?

Y si hoy decides mirar con compasión...

¿Podrías ver que no todos los gestos duros son maldad, sino defensa?

¿Podrías entender que tú también has aprendido a protegerte, aunque eso te haya aislado?

¿Podrías aceptar que el cambio no comienza con perfección, sino con conciencia?

Y si hoy decides buscar a Dios...

¿Podrías creer que Él no solo quiere salvarte, sino restaurarte?

¿Que no solo quiere perdonar tu pecado, sino sanar tu historia?

¿Que no solo quiere que creas en Él, sino que te sientas hijo?

Y si hoy decides comenzar...

¿Podrías abrir un espacio íntimo para Él?

¿Un rincón de oración, de lectura, de silencio?

¿Podrías permitir que el Espíritu te susurre lo que nadie te dijo?

¿Podrías dejar que Dios te afirme, te abrace, te guíe?

Este diálogo no termina aquí. Es solo el comienzo. Porque cuando el alma se abre, el Espíritu comienza a hablar.

La Herencia que me Dolía en Silencio

SUSURROS DEL ESPIRITU
Yo Estoy Contigo, Hijo Mío

Palabras que sanan lo que nadie vio…

"No estás solo.
Nunca lo estuviste.
Aunque el dolor haya sido profundo, aunque el silencio haya
sido largo, aunque la herida haya sido invisible…
Yo estuve allí."

"Yo vi cuando no te abrazaron.
Yo escuché lo que nunca te dijeron.
Yo sentí el peso que cargaste sin entender por qué.
Y hoy quiero que sepas: No fuiste olvidado.
No fuiste desechado.
No fuiste invisible para mí."

"Yo soy tu Padre.
No como el que te falló, ni como el que te faltó.
Soy el que permanece.
El que afirma sin exigir.
El que corrige sin herir.
El que guía sin controlar.
El que ama sin condiciones."

"Tu historia no termina en abandono.
Tu alma no está condenada a repetir lo que viviste.
Tu hogar no tiene que parecerse al que te dolió."

"Yo puedo enseñarte a amar.

Yo puedo enseñarte a abrazar.
Yo puedo enseñarte a ser padre, madre, hijo, esposo,
esposa… desde la sanidad, no desde la herida."

"No temas mirar hacia atrás.
Yo estaré contigo en cada recuerdo.
No temas llorar.
Yo recogeré cada lágrima como semilla de restauración.
No temas cambiar.
Yo te daré fuerza para romper la secuencia."

"Hoy te llamo por tu nombre.
Hoy te afirmo como hijo.
Hoy te abrazo como nunca te abrazaron.
Hoy te doy paz donde hubo caos, y pertenencia donde hubo
rechazo."

"Yo soy tu refugio.
Yo soy tu seguridad.
Yo soy tu verdad.
Yo soy tu Padre.
Y tú… eres mío."

HABLANDO CON DIOS
Padre, Aquí Estoy

"Dios mío… No sé cómo empezar, pero aquí estoy.
Con el corazón abierto, con las lágrimas que no sabía que tenía,
con las palabras que nunca me atreví a decir."

"Gracias por hablarme.
Gracias por mostrarme que no estoy solo.
Gracias por no juzgarme, por no empujarme, por no olvidarme."
"Hoy reconozco que he vivido con heridas que no entendía.
He repetido patrones que no quería.
He amado desde el miedo, y he callado desde el dolor."

"Pero hoy… Hoy quiero comenzar de nuevo.
No desde la perfección, sino desde la verdad.
No desde la fuerza, sino desde la vulnerabilidad redimida."

"Padre, enséñame a amar como Tú amas.
A afirmar como Tú afirmas.
A guiar como Tú guías.
A sanar como Tú sanas."

"Haz de mi hogar un altar.
Haz de mi historia una semilla.
Haz de mi herencia una bendición."

"Gracias por recogerme.
Gracias por llamarme hijo.
Gracias por quedarte conmigo."

…En el Nombre de Tu Hijo Amado, Jesús, Amén…

Sección II

SOMBRAS QUE PROMETIAN LUZ

El Engaño de Espíritus Ajenos

"Y cuando os dijeren: Preguntad a los encantadores y a los adivinos, que susurran hablando, responded: ¿No consultará el pueblo a su Dios?"
(Isaías 8:19)

Sección II: SOMBRAS QUE PROMETIAN LUZ
El Engaño de Espíritus Ajenos

Espíritus que se mueven en las sombras...

Hay atmósferas que marcan el alma, incluso cuando no las entendemos del todo. Hay presencias que se sienten, aunque no se nombren. Y hay engaños que se disfrazan de consuelo, pero roban identidad.

En esta sección, abrimos un capítulo delicado y profundo: la influencia espiritual que se vivió en mi hogar durante la infancia, cuando mis padres incursionaron en prácticas espiritistas que, aunque yo no comprendía ni participaba conscientemente, dejaron huellas invisibles en mi percepción, en mi entorno, en mi alma.

Este no es un relato para juzgar, sino para discernir. No es una denuncia, sino una invitación a mirar con claridad lo que parece luz, pero no redime. Aquí comenzamos con un testimonio personal, honesto y vulnerable. Luego, entraremos en una enseñanza teológica que nos ayudará a comprender el impacto de las influencias espirituales ajenas. Y finalmente, cerraremos con un capítulo íntimo, donde el lector podrá reflexionar, escuchar la voz de Dios y responder desde lo profundo de su corazón.

Los capítulos que conforman esta sección son:

➢ **Capítulo 4: Mi Historia.** Un relato personal que expone con honestidad la atmósfera espiritual vivida en mi infancia. Aunque no participé directamente en los rituales, crecí en medio de prácticas espiritistas que dejaron marcas invisibles. Este capítulo abre el corazón para comprender cómo esas influencias afectaron mi percepción, mi identidad y mi camino espiritual.

➢ **Capítulo 5: Tesoros Valiosos.** Una enseñanza teológica que nos ayuda a discernir entre la luz verdadera y las imitaciones espirituales. Exploramos cómo ciertas prácticas pueden parecer benignas o incluso reconfortantes, pero en realidad desvían el alma del propósito divino. Aquí se revelan verdades bíblicas que restauran, afirman y protegen.

➢ **Capítulo 6: Mi Espacio Íntimo.** Un momento de encuentro personal con Dios. El lector es invitado a reflexionar sobre su propia historia, escuchar los susurros del Espíritu que sanan lo invisible, y responder con una oración que nace desde la vulnerabilidad redimida. Es el espacio donde la sanidad comienza.

Prepárate para caminar con reverencia. Este tramo no solo revela lo vivido, sino que abre la puerta a una sanidad espiritual que muchos necesitan... aunque no sepan cómo nombrarla.

Capítulo 4

MI HISTORIA

Cuando el Hogar se Volvió Altar de Tinieblas

La Oscuridad buscando almas…

"Y cuando os dijeren: Preguntad a los encantadores y a los adivinos, que susurran hablando, responded: ¿No consultará el pueblo a su Dios?"
(Isaías 8:19)

Antes de entrar en este capítulo, quiero invitarte a leer con reverencia. No desde la curiosidad, sino desde la compasión. No para juzgar, sino para comprender. No para señalar, sino para discernir.

Lo que compartiré aquí no es una denuncia, ni una exposición sensacionalista. Es una parte de mi historia. Una que viví sin elegir, pero que Dios redimió con poder.

Durante mi infancia, el ambiente espiritual de mi hogar estuvo marcado por prácticas espiritistas. Aunque yo no participé conscientemente en los rituales, crecí en medio de una atmósfera cargada de influencias ajenas al Espíritu de Dios. Mi madre llegó a ser médium. Mi padre participaba en los rituales. Y yo, siendo niño, absorbía lo invisible, lo no dicho, lo espiritual.

Este capítulo comienza con mi testimonio personal, seguido por el testimonio escrito de mi madre, quien con valentía y humildad ha querido compartir su parte de la historia. Ambos relatos revelan cómo el engaño espiritual puede infiltrarse en los hogares, disfrazado de consuelo, pero sembrando cadenas.

No es fácil hablar de esto. Pero es necesario. Porque muchos han vivido en atmósferas similares, sin saber cómo nombrarlas, sin entender por qué sienten lo que sienten, sin saber que hay una salida.

Después del testimonio, entraremos en una enseñanza teológica que nos ayudará a discernir entre la luz verdadera y las imitaciones espirituales. Y finalmente, cerraremos con un espacio íntimo, donde podrás reflexionar, escuchar la voz de Dios y responder desde lo profundo de tu corazón.

Este capítulo no es solo mío. Es para ti. Para que puedas mirar tu historia con nuevos ojos, y descubrir que incluso en medio de las sombras... Dios nunca dejó de buscarte.

Camino Oscuro: *Cuando el Hogar se Volvió Altar de Tinieblas*

Mis padres comenzaron su proyecto de vida como muchos lo hacen: con amor, necesidad, y sin preparación. Querían formar un hogar, construir una relación, criar hijos. Pero no sabían que el amor, por sí solo, no basta cuando el alma está herida. Cargaban elementos traumáticos, heridas no tratadas, dolores no confesados. Y como todo ser humano, comenzaron a buscar respuestas. ¿Cómo ser feliz? ¿Cómo arrancar los recuerdos que desgarran el alma? ¿Cómo silenciar los pensamientos que atormentan?

Tal vez nunca lo dijeron en voz alta, pero sus acciones respondieron por ellos. En medio de su torbellino emocional, fueron conducidos —como ovejas al matadero— al mundo del espiritismo. Allí buscaron consuelo, pero hallaron cadenas.

Mi madre llegó a ser médium. Prestaba su cuerpo para que espíritus se manifestaran. Mi padre participaba en los rituales, sirviendo sin saberlo al reino de las tinieblas. Yo era apenas un niño. No entendía, pero sentía. No recordaba, pero absorbía. Parte de mi infancia se desarrolló en medio de prácticas espirituales ajenas a Dios. Mi embarcación espiritual fue saboteada desde el nacimiento. Y aunque no lo sabía, ya navegaba en aguas contaminadas.

Mis padres asistían a rituales en una montaña consagrada al espiritismo, en el estado Yaracuy, Venezuela. Allí rendían culto a espíritus demoníacos, buscando respuestas, pero encontrando oscuridad. Lo que para ellos era búsqueda, para mí fue herencia. Una herencia invisible, pero profundamente real.

Mi madre, con humildad y valentía, ha querido compartir su parte de la historia. Me contó que desde niña vivió entre dos familias con inclinación por el espiritismo. Al casarse, esa práctica se integró con naturalidad. No fue difícil comenzar. Con el tiempo, alguien le dijo que tenía facultades para ser médium, y así comenzó. Integró su familia y la de mi padre en esas reuniones, donde prestaba su cuerpo para que los espíritus hablaran.

Pero Dios, en su misericordia, comenzó a hacer la obra de restauracion. Un día, alguien les regaló una Biblia. La colocaron arriba del escaparate y se olvidaron de ella. Tiempo después, mi madre la bajó y la abrió. Lo primero que vio fue Apocalipsis 21:7-8:

*"El que venciere heredará todas las cosas, y yo seré su Dios, y él será mi hijo. Pero los cobardes e incrédulos, los abominables y homicidas, los fornicarios y **hechiceros**, los idólatras y todos los mentirosos tendrán su parte en el lago que arde con fuego y azufre, que es la muerte segunda."*

La palabra "hechiceros" la impactó. Dentro de su propia ignorancia, sintió que allí había algo para ella. Le entregó ese versículo a mi padre y le dijo: "Eso es lo que estamos haciendo".

Luego comenzó a tener sueños. Uno de ellos mostraba el altar que tenían, lleno de telarañas, ratas y cucarachas. Otro sueño la enfrentó al enemigo, que se burlaba de todos los símbolos religiosos (diferentes estampas, cruces y hasta agua bendita) que ella le mostraba, pero cuando pronunció el nombre de Jehová, el enemigo se apartó.

En ella ya no estaba el deseo de seguir practicando. Pero mi padre insistió en ir a un sitio para entender por qué ella quería detenerse.

Allí, en una última sesión, comenzaron con una sección espiritista y en ese momento mi madre entro en un trance y comenzó a hablar (poseída), y lo primero que hizo el adversario fue manifestarse como lo que es, o sea se identificó con su nombre y no con otros nombres de cierto personajes ya muertos, y entablo una conversación con mi padre donde le dijo "estos días son míos (era martes de carnaval) te ofrezco dinero, mujeres y todos los placeres del mundo, a cambio de tu alma, la de tu mujer y la de tus hijos" y la respuesta de mi padre fue: "yo no quiero nada de eso, nosotros pertenecemos a Dios" y así fue la última vez que ellos estuvieron en esas prácticas satánicas.

Luego, mis padres comenzaron a ser discipulados en el reino de Dios, en el mensaje de Jesucristo, pasando por diferentes procesos de liberación espiritual y sanidad emocional, y aprendiendo a caminar en un camino de santidad.

Hoy, el mundo espiritual es más visible que nunca. Lo que antes se ocultaba, ahora se celebra. Desde espectáculos masivos hasta templos satánicos, el engaño se ha sofisticado. Pero este testimonio no se cuenta para exponer personas, sino para liberar. Muchos han vivido en atmósferas similares, sin saber cómo nombrarlas. Este capítulo es una puerta abierta para que otros también puedan salir. Porque incluso en medio de las tinieblas... Dios nunca dejó de buscarnos.

Capítulo 5

TESOROS VALIOSOS

Desenmascarando el Camino Oscuro y Tenebroso

El Espiritismo y el Reino de las Tinieblas...

¿Qué es el espiritismo según la Biblia? El espiritismo es la práctica de invocar, consultar o comunicarse con espíritus, muertos o entidades sobrenaturales. En la Escritura, esto es categóricamente condenado como una abominación:

"No se hallará en ti quien practique adivinación, ni agorero, ni sortílego, ni hechicero, ni encantador, ni adivino, ni mago, ni quien consulte a los muertos. Porque es abominación para con Jehová cualquiera que hace estas cosas." (Deuteronomio 18:10–12)

El espiritismo no es neutral. No es inofensivo. Es una puerta directa al reino de las tinieblas. Quien lo practica, aunque lo haga por ignorancia o desesperación, está entrando en comunión con demonios disfrazados de luz.

¿Por qué la gente se siente atraída?

- **Dolor no sanado**: Como en el testimonio anterior, muchas personas buscan respuestas a sus heridas profundas.
- **Deseo de control**: El espiritismo promete poder, conocimiento oculto, dominio sobre lo invisible.
- **Engaño espiritual**: Satanás se disfraza como ángel de luz (2 Corintios 11:14), seduciendo con aparente consuelo.

Pero todo lo que ofrece es esclavitud. Lo que parece alivio, termina siendo tormento.

¿Qué consecuencias trae la práctica del espiritismo o la brujería?

➢ **Contaminación Espiritual**: El alma se vuelve receptiva a influencias demoníacas.

➢ **Maldición Generacional**: Las puertas abiertas por los padres afectan a los hijos (Éxodo 20:5).

➢ **Separación de Dios**: El espiritismo rompe la comunión con el Espíritu Santo, porque no puede haber luz y tinieblas en el mismo templo (2 Corintios 6:14–16).

El Reino de las Tinieblas: *¿Por qué no se conocía antes?*

Aunque Jesús nació después del auge del pensamiento griego —con sus filosofías, explicaciones racionales y sistemas de conocimiento— ninguna de esas corrientes abordó el reino espiritual de las tinieblas. Ni siquiera el sistema religioso judío tenía la capacidad de discernirlo plenamente.

Durante el ministerio de Jesús, se revela por primera vez con claridad la existencia, operación y manifestación de los espíritus inmundos en la humanidad. Y lo más impactante: había personas con demonios dentro de las sinagogas… y nadie lo notaba.

¿Será posible que hoy ocurra lo mismo? ¿Hay congregaciones donde hay personas o líderes influenciados por espíritus inmundos… y no lo percibimos por falta de discernimiento?

Manifestaciones Demoníacas en Tiempos de Jesús

Las Escrituras muestran que eran muchos los endemoniados en aquellos tiempos:

➢ Marcos 1:21–28 / Lucas 4:31–37 → **Un hombre con espíritu inmundo dentro de la sinagoga.**

➢ Mateo 8:16 / Marcos 1:32–34 → **Multitudes traían endemoniados para ser liberados**

Jesús revela que los demonios no solo poseían, sino que causaban enfermedades:

➢ Mateo 12:22–30 / Marcos 3:20–30 / Lucas 11:14–23 → **Demonio que causaba ceguera y mudez**

➢ Mateo 17:14–21 / Marcos 9:14–29 / Lucas 9:37–43 → **Demonio lunático (posiblemente epilepsia)**

➢ Mateo 8:28–33 / Marcos 5:1–20 / Lucas 8:26–39 → **Endemoniado con fuerza sobrehumana**

➢ Mateo 9:32–34 → **Espíritu mudo**

➢ Mateo 15:21–28 / Marcos 7:24–30 → **La hija de la mujer sirofenicia, atormentada por un demonio**

➢ Lucas 13:10–17 → **Mujer atada por Satanás con espíritu de enfermedad**

¿Y si hoy hay personas enfermas, o emocionalmente quebradas, que en realidad están siendo oprimidas por espíritus... y nadie lo nota? ¿Y si algunos incluso bailan con demonios sin darse cuenta, porque han normalizado lo espiritual sin discernirlo?

Enseñanza Directa sobre Posesión Demoníaca

Jesús no solo liberó, sino que enseñó sobre la posesión demoníaca como un hecho real y lamentable:

➢ Mateo 12:43–45 / Lucas 11:24–26 → **El espíritu inmundo que sale, pero vuelve si encuentra la casa vacía**

La posesión no es solo un fenómeno, es una advertencia: Si el alma no se llena de luz, el enemigo vuelve con más fuerza.

¿Cuál es la salida?

Jesús no solo reveló el reino de las tinieblas, también dio autoridad para enfrentarlo:

❖ Marcos 16:17–18 → *"En mi nombre echarán fuera demonios..."*

❖ Lucas 10:17 → Los discípulos regresan diciendo: *"Aun los demonios se nos sujetan en tu nombre"*

❖ Hechos 5:16 / Hechos 8:7 / Hechos 16:18 → Los apóstoles operaban en ese poder, liberando multitudes

La liberación no es solo un evento. Es un proceso de santificación. Es caminar en la luz, renunciar a toda práctica oculta, y llenar el alma con la Palabra y el Espíritu Santo.

"Y despojando a los principados y a las potestades, los exhibió públicamente, triunfando sobre ellos en la cruz." (Colosenses 2:15)

"El que practica el pecado es del diablo; porque el diablo peca desde el principio. Para esto apareció el Hijo de Dios: para deshacer las obras del diablo." (1 Juan 3:8)

¿Y tú?

¿Has discernido lo que opera a tu alrededor? ¿Has revisado tu atmósfera espiritual, tus vínculos, tus prácticas? ¿Estás lleno de luz... o hay espacios vacíos que podrían ser ocupados por tinieblas disfrazadas de consuelo?

Este no es un llamado al miedo. Es un llamado a la consagración. A mirar con ojos abiertos. A caminar con autoridad. A vivir en libertad.

Capítulo 6

MI ESPACIO ÍNTIMO

Donde el Alma Comienza a Ver Luz en la Oscuridad

Antes de continuar, te invito a detenerte.
A respirar.
A abrir el corazón sin prisa, sin defensa, sin juicio.

Este capítulo no es para entender... es para sentir. Es un espacio íntimo, creado para ti.
Aquí no hay exigencias, solo presencia.
Aquí no hay presión, solo ternura.

Prepárate para hacerte preguntas que quizás nunca te hiciste. Para escuchar palabras que tu alma necesita oír. Y para hablar con Dios desde lo más profundo, como hijo, como hija, como alguien que está siendo liberado.

Este es tu espacio íntimo. Tu momento con Él. Tu encuentro con la verdad que rompe cadenas.

El Engaño que Prometía Luz

DIALOGO INTERIOR
¿Y si Hay Sombras que aún no has Visto?

Reflexión personal para el alma que quiere discernir

¿Alguna vez pensaste que lo que te rodea es solo emocional... y no espiritual? ¿Que tus reacciones, tus enfermedades, tus tormentos... son solo humanos? ¿Que lo invisible no te afecta, porque no lo ves?

¿Has sentido que hay algo que te oprime, pero no sabes cómo nombrarlo? ¿Que hay atmósferas que te agotan, relaciones que te confunden, pensamientos que no puedes controlar?

¿Y si no todo lo que te pasa viene de ti? ¿Y si hay influencias espirituales que operan sin que lo sepas? ¿Y si hay puertas abiertas que tú no abriste... pero que heredaste?

Detente un momento...

No para temer.

No para juzgar.

Sino para mirar con discernimiento lo que quizás has ignorado.

¿Has sentido que en tu congregación hay algo que no se habla, pero se siente? ¿Que hay personas que sufren en silencio, y nadie sabe por qué? ¿Que hay enfermedades que no responden a medicina... pero sí a oración?

Y si hoy decides mirar con ojos espirituales...

¿Podrías ver que no todo lo que parece normal es sano? ¿Podrías aceptar que el reino de las tinieblas opera en lo cotidiano... pero que tú puedes enfrentarlo?

Y si hoy decides buscar a Dios con profundidad...

¿Podrías creer que Él no solo quiere salvarte, sino liberarte? ¿Que no solo quiere que creas en Él, sino que camines en autoridad? ¿Que no solo quiere que lo adores, sino que lo representes?

Este diálogo no termina aquí.

Es solo el comienzo. Porque cuando el alma se abre, el Espíritu comienza a revelar.

SUSURROS DEL ESPIRITU

Yo Te Libero, Hijo Mío

Palabras que rompen cadenas invisibles...

"No estás solo. Nunca lo estuviste.
Aunque el enemigo haya susurrado mentiras, aunque las
sombras hayan rodeado tu historia... Yo estuve allí."

"Yo vi cuando te confundieron.
Yo escuché lo que te ató sin que lo supieras.
Yo sentí el peso que heredaste sin entender por qué.
Y hoy quiero que sepas: No estás condenado.
No estás contaminado para siempre.
No estás perdido en lo invisible."

"Yo soy tu Libertador. No como el que te prometió y falló.
Soy el que rompe cadenas.
El que limpia atmósferas.
El que sana memorias.
El que restaura lo que parecía imposible."

"Tu historia no termina en opresión.
Tu alma no está destinada a vivir bajo tormento.
Tu cuerpo no tiene que cargar lo que el enemigo sembró."

"Yo puedo enseñarte a discernir.
Yo puedo enseñarte a orar.
Yo puedo enseñarte a caminar en mi luz, sin temor, sin
ignorancia."

"No temas mirar hacia adentro.
Yo estaré contigo en cada rincón.

El Engaño que Prometía Luz

No temas confrontar lo invisible.
Yo te daré autoridad para expulsarlo.
No temas cambiar.
Yo te daré fuerza para cerrar puertas que nunca debieron
abrirse."

"Hoy te llamo por tu nombre.
Hoy te afirmo como hijo.
Hoy te limpio como nunca te limpiaron.
Hoy te doy paz donde hubo tormento, y libertad donde hubo
atadura."

"Yo soy tu escudo.
Yo soy tu luz.
Yo soy tu verdad.
Yo soy tu Padre.
Y tú… eres libre."

El Engaño que Prometía Luz

HABLANDO CON DIOS

Padre, Libérame y Límpiame de toda Maldad

"Dios mío… No sé cómo empezar, pero aquí estoy. Con el corazón abierto, con las preguntas que nunca me atreví a hacer, con las sombras que no sabía que tenía."

"Gracias por revelarme lo que no veía. Gracias por mostrarme que no todo lo que siento viene de mí. Gracias por enseñarme que hay un mundo espiritual… y que Tú estás por encima de todo."

"Hoy reconozco que he vivido con influencias que no entendía. He normalizado atmósferas que no eran tuyas. He callado cuando debía orar. He ignorado cuando debía discernir."

"Pero hoy… Hoy quiero comenzar de nuevo. No desde el miedo, sino desde la luz. No desde la ignorancia, sino desde la revelación."

"Padre, enséñame a discernir como Tú disciernes. A orar como Tú me enseñaste. A caminar como hijo, no como esclavo. A vivir como libre, no como oprimido."

"Haz de mi alma un templo. Haz de mi casa un altar. Haz de mi historia una proclamación de libertad."

"Gracias por romper mis cadenas. Gracias por llamarme hijo. Gracias por afirmarme como tuyo."

…En el Nombre de Tu Hijo Amado, Jesús, Amén…

Sección III

FUEGO EN LA SANGRE

Cuando la Carne me Traicionaba

"El espíritu a la verdad está dispuesto, pero la carne es débil."
(Mateo 26:41)

Sección III: FUEGO EN LA SANGRE *Cuando la Carne me Traicionaba*

Decisiones desde la Carne: Cuando el alma elige sin luz...

Hay caminos que no heredamos. Hay heridas que no nos impusieron. Hay tormentas que no vinieron del entorno... sino de nuestras propias decisiones.

Esta sección no busca juzgar, sino mirar con verdad. Porque, aunque la herencia emocional y la influencia espiritual nos marcan, también existe una dimensión de responsabilidad personal. Y cuando el alma elige desde la carne —desde el deseo, el orgullo, la ignorancia o el dolor— comienza a caminar sin luz.

Aquí comienza ese relato. El momento en que, teniendo acceso a la verdad, decidí ignorarla. El momento en que, rodeado de oración, preferí el placer. El momento en que, con la Biblia cerca, abrí puertas al pecado.

No fue por maldad. Fue por debilidad. Fue por sed de afecto, por hambre de identidad, por confusión espiritual.

Pero cada decisión cuenta. Cada paso fuera del diseño de Dios tiene consecuencias. Y aunque el Reino de los Cielos seguía disponible, yo elegí servir al reino de las tinieblas.

Esta sección es para mirar ese proceso. Para entender cómo el pecado se disfraza de libertad. Cómo el deseo se convierte en esclavitud. Y cómo el alma, sin dirección, naufraga... aunque tenga motores potentes.

Esta tercera sección se compone de tres capítulos que revelan ese proceso:

Prepárate para entrar en una historia que no solo es mía. Es la historia de muchos que, sabiendo lo bueno, eligieron lo contrario. Pero también es la historia de un Dios que no se rinde. Que sigue buscando. Que sigue esperando. Que sigue amando.

Capítulo 7

MI HISTORIA

Entre Dos Reinos, Una Sola Batalla

La carne no ayuda…

"El espíritu a la verdad está dispuesto, pero la carne es débil."
(Mateo 26:41)

Gracias a Dios, existe un Reino de Luz. Un Reino superior a todo poder de tinieblas. Y ese Reino no se quedó indiferente ante el daño que Satanás causaba en mi familia. Dios, en su misericordia, ejecutó un plan de rescate, comenzando con mis padres.

Todo inició con una visita sencilla: una persona tocó la puerta de nuestra casa, habló a mi madre del plan de salvación, y le regaló una Biblia. Al principio, aquel libro fue solo un objeto más, incluso usado en rituales espiritistas. Pero un día, mi madre lo abrió al azar, y leyó Apocalipsis 21:8:

"…los hechiceros… tendrán su parte en el lago que arde con fuego y azufre…"

El temor de Dios la invadió. Reconoció su pecado. Compartió la palabra con mi padre diciéndole:

"Luis, esto que hacemos no le agrada a Dios."

En ese tiempo buscaron ayuda. Pastores, hermanos en la fe, y poco a poco, fueron liberados. Y como resultado pasaron de las tinieblas a la luz admirable de Cristo.

Aproximadamente yo tenía apenas cuatro años. Mi hermana, cinco. Nuestros padres fueron bautizados, sumergidos en oración, ayuno, evangelismo, y una vida devocional intensa. Pero esa transformación era de ellos. Mi hermana y yo habíamos nacido en un hogar que primero adoraba a Satanás y luego adoraba al Dios verdadero. Ambos reinos habían sembrado en nosotros. Y sin saberlo, un día tendríamos que luchar contra esa dualidad.

Recuerdo una campaña evangelística en Caracas. Tenía cinco años, yo cargaba una Biblia grande. Un hombre se acercó a mi madre y dijo:

"Su hijo será un gran evangelista."

No entendí esas palabras en aquel entonces. Pero hoy las recuerdo como una profecía temprana, una semilla divina plantada en medio del conflicto.

Grietas en la Embarcación

Mi segunda etapa de mi infancia se desarrolló en un ambiente cristiano: escuelas dominicales, campamentos, cultos, oración en casas. La Palabra de Dios me rodeaba por todas partes. Aprendí lo que era pecado, lo que era santidad, lo que era bueno y lo que era malo.

Mis padres me supervisaban constantemente. No había espacio para desviarme. Pero a los doce años, nos mudamos de Caracas a Maracay. Con el cambio, vino la libertad. Comencé a estudiar lejos de casa, a usar transporte público, a tomar decisiones sin supervisión.

Y fue allí donde la teoría comenzó a ser probada. La carne empezó a hablar más fuerte que el espíritu. Pequeñas grietas aparecieron en mi embarcación. Me escapaba del colegio para ir a las montañas, a los ríos, a los manantiales. No por maldad, sino por aventura. Pero lo hacía a escondidas. Y lo oculto, aunque parezca inocente, es siempre una señal de desviación.

El Avance del Pecado y la Doble Vida

Con el paso del tiempo, comencé a probar el licor. No por necesidad, sino por imitación. El modelo del mundo se convirtió en mi guía, y la presión social me empujaba a aparentar lo que no era.

Entre los 16 y los 18 años, mi mente se saturó de conversaciones sexuales. Aunque aún no había tenido experiencia, fingía haberlas vivido, por un orgullo infantil que buscaba aceptación.

A los 18, tuve mi primera experiencia sexual. Fue emocionante, sí, pero también fue el inicio de una puerta abierta al pecado. Sentí un vacío profundo, una mezcla de asco y confusión espiritual. No sabía interpretarlo, pero ahora sé que fue el grito del alma ante la invasión del pecado.

Desde entonces, comencé a vivir una doble vida. Asistía a la iglesia con mis padres, pero practicaba conductas pecaminosas en secreto. Era un muerto andante, adornado con un barniz religioso. No entendía el mensaje de la cruz. No conocía a Jesús como Salvador. Vivía en un entorno cristiano, pero no tenía vida cristiana dentro de mí.

Jugaba deportes con entusiasmo. Pero incluso allí, la vergüenza me perseguía. Recuerdo una vez, jugando béisbol, mis amigos gritaban:

"¡Dale duro, Moisés!"

Una burla por mi trasfondo cristiano. Pues mi nombre no es Moisés. Me avergonzaba de ser identificado como evangélico. No había rendido mi vida a la cruz.

El reino de las tinieblas avanzaba. Tomaba decisiones erradas, me envolvía en vicios, alcohol y sexo. Mi alma se desordenaba. El concepto del amor se distorsionó. Confundí el sexo con afecto, y lo traté como si fuera comida: algo que se consume cuando se desea.

Ese pensamiento abrió una puerta aberrante. La fornicación y el adulterio alimentan al reino de las tinieblas. Y yo, sin saberlo, me convertía en servidor de ese reino.

Naufragios, Logros y Sabotaje

A los 19 años, me casé. No por amor, sino por deseo sexual. Quería tener el "plato servido" a mi disposición. El matrimonio fue una estrategia carnal, no una alianza espiritual.

Tres meses después, todo se deshizo. Como agua entre los dedos. El fracaso matrimonial se sumó a mi carga: culpa, vergüenza, desilusión, y el dolor de ver a mis padres decepcionados.

En medio de todo esto, comencé a experimentar cosas extrañas en mi cama. Sentía presencias, pasos, acechos nocturnos. No entendía lo que ocurría, y no lo compartía con nadie.

Me había graduado como técnico superior en tecnología automotriz. Y tenia un negocio con un socio portugués. Pero tras el divorcio, me fui de la ciudad. El auto sabotaje ya se había instalado en mí.

Después ingresé a la Escuela de Oficiales de la Marina. Entré con la mejor puntuación, fui el más destacado durante un año. Pero antes de culminar, pedí la baja. Me retiré.

Mis padres sufrían. Querían verme estable, exitoso. Pero yo no sabía cómo sostener mi embarcación.

La disciplina militar limitó mi vida pecaminosa, pero cada fin de semana libre, me desbordaba: fiestas, sexo y alcohol. Así era "vivir la vida", según el mundo, o según mi mundo.

El reino de las tinieblas parecía ganar. Tenía el control por medio del pecado. Pero había algo que yo no sabía: Mi familia y la iglesia oraban por mí. Oraban sin cesar.

El Abismo Interior

Después de retirarme de la marina, comencé a trabajar de día y estudiar de noche. Era Gerente de Mantenimiento en una empresa nacional, y cursaba Ingeniería Mecánica gracias a una beca en una universidad privada.

Mi embarcación aún flotaba. Tenía motores potentes: capacidad, oportunidades, juventud. Pero no tenía timón. Y sin dirección, iba de fracaso en fracaso.

Continuaba con una vida promiscua, emocionalmente desordenada. Me uní a una joven con una vida igualmente caótica. Nuestra relación nació entre juegos sexuales y bebidas, no por amor, sino por deseo.

Alquilamos un apartamento. Vivíamos juntos. Ella quedó embarazada. A veces íbamos a la iglesia, pero más por costumbre que por convicción. Yo era un ciego espiritual, un muerto andante, atrapado en pecado.

Nos mudamos al oriente del país, a una casa grande con su abuelita. Busqué trabajo, pero nada se daba. Era extraño. Con mi experiencia, siempre conseguía empleo. Pero allí, todo se cerraba.

La abuelita era una mujer de oración. Se reunía cada día con otra anciana de cabellos blancos. Oraban juntas, invitaban a mi pareja a orar, pero nunca a mí.

Me sentía como el lobo entre ovejas. Y no era una percepción errada. Mi vida alimentaba al reino de las tinieblas. Nada bueno brota de quien vive en pecado.

El Caos y el Deseo de No Vivir

Sin trabajo, con una relación inestable, y rodeado de personas que oraban por mí sin incluirme, mi alma comenzó a quebrarse.

Los ataques espirituales se intensificaron. Ya no eran solo sueños o presencias extrañas. Ahora eran pensamientos suicidas.

Me sentía torpe, inútil, incapaz de aceptarme. Tomaba píldoras buscando dañarme. Me auto flagelaba con cautín caliente. Quería castigarme por mis errores. No me amaba. Y en esa condición, ¿cómo podía amar a alguien más?

Tenía 24 años. Todo lo vivido en la iglesia parecía una fábula. Busqué una Biblia. Anoté los diez mandamientos, como si el decálogo pudiera salvarme. Pero nada sucedía. El decálogo no frenaba mi carne, no sanaba mi alma, no restauraba mi espíritu.

No había camino definido. Caminaba hacia la nada, hacia el vacío, hacia la autodestrucción.

Vivía en tonos grises. Errante. En el mal camino.

"El camino de los impíos es como la oscuridad; No saben en qué tropiezan." Proverbios 4:19

Y como Elías bajo el enebro, yo también deseaba morir.

"...Y él se fue por el desierto un día de camino, y vino y se sentó debajo de un enebro; y deseando morirse, dijo: Basta ya, oh Jehová, quítame la vida, pues no soy yo mejor que mis padres..." (1 Reyes 19:4)

Capítulo 8

TESOROS VALIOSOS
La Carne No Ayuda en el Camino

El Conflicto Invisible...

Porque el deseo de la carne es contra el Espíritu, y el del Espíritu es contra la carne; y estos se oponen entre sí, (Gálatas 5:17)

Hay verdades que no se descubren en la superficie. Hay batallas que no se ven con los ojos. Y hay tesoros que solo se revelan cuando el alma se rinde.

Este capítulo no es una teoría. Es una excavación. Un descenso al conflicto invisible que todos enfrentamos: la lucha entre la carne y el espíritu, entre el yo que quiere gobernar y el Dios que quiere redimir.

Aquí no hablaremos de fórmulas religiosas, sino de realidades espirituales. De cómo el desorden interior se manifiesta en el cuerpo, en las emociones, en las decisiones. De cómo la cruz no es solo un símbolo, sino una puerta. Y de cómo el mundo —con sus filosofías, placeres y promesas— ha intentado deformar lo que Dios diseñó con gloria.

Pero también hablaremos de redención. De rendición. De identidad. Y de esos tesoros valiosos que solo se encuentran cuando el alma deja de correr... y se deja encontrar.

LA LUCHA ENTRE LA CARNE Y EL ESPÍRITU

Desde el principio, el ser humano ha habitado un campo de batalla invisible. No entre naciones, ni entre ideologías... sino dentro de sí mismo. La carne y el espíritu no son dos partes del cuerpo. Son dos naturalezas que se oponen.

La carne busca gratificación inmediata. El espíritu anhela comunión eterna. La carne quiere gobernarse. El espíritu quiere rendirse.

"Porque el deseo de la carne es contra el Espíritu, y el del Espíritu es contra la carne; y estos se oponen entre sí..." (Gálatas 5:17)

Esta lucha no es teórica. Se manifiesta en decisiones, emociones, hábitos, pensamientos. La carne no es solo el cuerpo físico. Es la naturaleza caída, el sistema interno que se resiste a Dios, que quiere vivir sin cruz, sin rendición, sin transformación.

¿Ahora, de qué manera luchan la carne y el espíritu? ¿O para que luchan?

Luchan por nuestra alma, nuestro corazón, nuestras emociones.

Tanto el espíritu como la carne necesitan al corazón del hombre, su alma; porque sin ella el hombre no puede generar ningún comportamiento.

Como seres tripartitos, cuerpo, alma y espíritu; se necesitan dos de las tres partes para generar un comportamiento, para gobernar la conducta del hombre.

Si el espíritu se asocia con el alma, podrá sacrificar la carne y hacer la voluntad del Padre. Si la carne se asocia con el alma, pecara sin cesar y buscara desobedecer a Dios.

De esta manera ocurre el conflicto dentro del interior del hombre, y sabiendo esto, entonces podrás comprender estos dos proverbios:

"Sobre toda cosa guardada, guarda tu corazón; Porque de él mana la vida" (Proverbios 4:23)

"Dame, hijo mío, tu corazón, Y miren tus ojos por mis caminos." (Proverbios 23:26)

Muchos intentan mejorar su vida sin entender esta guerra. Intentan disciplinar la carne con fuerza de voluntad, con religión, con conocimiento. Pero la carne no se reforma. La carne se crucifica.

Y solo cuando el yo muere, el Espíritu puede vivir.

EL DESORDEN SEXUAL COMO FRACTURA ESPIRITUAL

El pecado sexual no es solo una transgresión moral. Es una fractura espiritual profunda, una alianza entre el alma y la carne que impide la obra del Espíritu. No se trata solo de lo que se hace con el cuerpo, sino de lo que se entrega desde el alma.

El ser humano fue creado con tres dimensiones integradas:

➤ El cuerpo: instrumento de expresión y acción
➤ El alma: sede de las emociones, voluntad y pensamientos
➤ El espíritu: lugar de comunión con Dios

La carne (naturaleza caída) y el Espíritu (vida de Dios) luchan por conquistar el alma, porque es el alma la que decide y manifiesta.

"Porque el deseo de la carne es contra el Espíritu, y el del Espíritu es contra la carne; y estos se oponen entre sí…" (Gálatas 5:17)

El sexo desordenado es la manifestación de la alianza alma-cuerpo. El acto sexual no es solo físico. Es una unión de almas. Cuando el alma se une a la carne, el cuerpo manifiesta su fruto. Y si esa unión no está bajo pacto, el fruto es desorden, culpa, fragmentación.

"¿No sabéis que el que se une con una ramera, es un cuerpo con ella? Porque dice: Los dos serán una sola carne." (1 Corintios 6:16)

En el acto de sexo desordenado, se presentan diferencias espirituales entre el hombre y la mujer:

El Hombre: Entrega Emocional Activa

➢ Para que haya intimidad sexual, el hombre necesita involucrar sus emociones.

➢ Sin deseo emocional, no hay erección.

Por tanto, el alma masculina se entrega profundamente en cada acto sexual, incluso si no lo percibe.

Esto significa que el hombre, al pecar sexualmente, expone su alma, y queda vulnerable, fragmentado, drenado.

La Mujer: Absorción Emocional Silenciosa

➢ La mujer puede participar del acto sexual aun sin deseo emocional. Pero su cuerpo recibe, y su alma absorbe.

Aunque no sienta deseo, su alma queda marcada, herida o confundida si no hay pacto.

Ambos sufren, pero sufren distinto. Ambos necesitan redención, pero la sanación toma caminos únicos.

El Sexo como Sustituto Emocional

En el hombre, el deseo sexual puede convertirse en una vía de escape emocional:

- Cuando hay vacíos afectivos, falta de afirmación o heridas no sanadas, el cuerpo busca consuelo en el sexo.

Pero ese consuelo es falso, efímero, y deja más vacío que antes.

"El que siembra para su carne, de la carne segará corrupción..." (Gálatas 6:8)

Este ciclo se repite:

1. Vacío emocional
2. Búsqueda de sexo como consuelo
3. Culpa y desconexión espiritual
4. Más vacío
5. Repetición

Solo la cruz puede romper este ciclo.

El Desorden Sexual Impide la Sanidad Interior

No se puede crecer espiritualmente mientras el alma esté unida a la carne en desorden. No se puede sanar mientras el cuerpo siga siendo instrumento de pecado.

"¿No sabéis que vuestro cuerpo es templo del Espíritu Santo...?" (1 Corintios 6:19)

El desorden sexual:

- ❖ Abre puertas espirituales
- ❖ Fragmenta la identidad
- ❖ Bloquea la oración y el discernimiento
- ❖ Impide la comunión con Dios

La Renuncia como Puerta a la Sanidad

Para sanar y crecer, hay que renunciar al desorden sexual. No como castigo, sino como liberación del alma. No como represión, sino como restauración del diseño.

"Si vivimos por el Espíritu, andemos también por el Espíritu." (Gálatas 5:25)

La cruz no solo perdona. Rompe cadenas. Y el Espíritu no solo consuela. Purifica, redime, transforma.

EL ERROR, LA CULPA Y EL CAOS INTERIOR

El pecado no comienza con la acción, sino con una decisión del alma. El error es la evidencia de haber elegido mal, no por la aflicción que se siente, sino por la conciencia de haber hecho lo incorrecto. Y cuando el error no se trata, genera culpa. Y cuando la culpa se acumula, genera caos interior.

El error no es simplemente una emoción negativa. Es el resultado de haber evaluado entre el bien y el mal, y haber elegido el mal. No toda aflicción indica error. A veces, seguir la voluntad de Dios produce aflicción, pero también produce paz.

"Y aunque fue Hijo, por lo que padeció aprendió la obediencia." (Hebreos 5:8)

El error, en cambio, produce culpa, porque el alma sabe que ha transgredido.

"Cuando venga el Espíritu Santo, convencerá al mundo de pecado…" (Juan 16:8)

La Culpa: Diagnóstico del Alma

La culpa es la alarma espiritual que indica que el alma ha fallado. No es castigo, es diagnóstico. Y para que exista culpa, debe existir conciencia, es decir, una evaluación interna.

"Mi pecado está siempre delante de mí." (Salmo 51:3)

La culpa no es enemiga. Es una señal de que el alma aún puede arrepentirse.

Si un error genera culpa, muchos errores generan muchas culpas. Y cada culpa no tratada se convierte en peso, confusión, ansiedad, doble vida. El alma se fragmenta. El hombre pierde dirección. Y el caos interior impide el crecimiento espiritual.

"No hay paz para el impío, dice Jehová." (Isaías 48:22)

El Perdón: Agente Liberador

El perdón no es solo un acto divino. Es una medicina espiritual que:

- ✓ Elimina la culpa
- ✓ Borra el error recordado
- ✓ Desintegra el caos interior

"El que encubre sus pecados no prosperará; mas el que los confiesa y se aparta alcanzará misericordia." (Proverbios 28:13)

El perdón restaura el orden, abre la puerta a la sanidad, y permite el crecimiento.

La Verdad que Libera

Jesús no solo perdona. Jesús es la verdad que libera.

"Y conoceréis la verdad, y la verdad os hará libres." (Juan 8:32)

"Yo soy el camino, la verdad y la vida." (Juan 14:6)

¿Y cuál es esa verdad?

❖ **Hay una naturaleza pecaminosa en todo hombre.**

"Por cuanto todos pecaron, y están destituidos de la gloria de Dios." (Romanos 3:23)

❖ **La carne quiere pecar y errar.**

"Porque el deseo de la carne es contra el Espíritu..." (Gálatas 5:17)

❖ **El error trae culpa.**

"Mi pecado está siempre delante de mí." (Salmo 51:3)

❖ **El hombre es responsable por sus decisiones.**

"He puesto delante de ti la vida y la muerte... escoge, pues, la vida." (Deuteronomio 30:19)

❖ **Un corazón arrepentido no es despreciado por Dios.**

"Al corazón contrito y humillado no despreciarás tú, oh Dios." (Salmo 51:17)

❖ **Jesús entregó su vida para el perdón de nuestros pecados.**

"En quien tenemos redención por su sangre, el perdón de pecados..." (Efesios 1:7)

❖ **Solo en Él hay redención y vida eterna.**

"Porque de tal manera amó Dios al mundo, que ha dado a su Hijo unigénito, para que todo aquel que en él cree, no se pierda, mas tenga vida eterna." (Juan 3:16)

❖ **Si Dios perdona, no recuerda más el pecado.**

"Y nunca más me acordaré de sus pecados y transgresiones."
(Hebreos 10:17)

❖ **Si creemos esto, la culpa se va.**

"Justificados por la fe, tenemos paz..." (Romanos 5:1)

❖ **Y si no hay culpa, no hay caos.**

"No hay condenación para los que están en Cristo Jesús."
(Romanos 8:1)

Entonces... seremos verdaderamente libres.

LA VERGUENZA DEL EVANGELIO COMO EVIDENCIA DE NO HABER NACIDO DE NUEVO

La verguenza del evangelio no es solo una emoción pasajera. Es una señal espiritual de que el alma aún no ha sido transformada por la verdad que dice creer. Porque cuando el Espíritu Santo habita en un corazón regenerado, no hay vergüenza de Cristo, sino gloria en Él.

¿Qué es la vergüenza del evangelio?

- Es el temor de ser identificado con Cristo.
- Es el deseo de esconder la fe para evitar rechazo, burla o pérdida de estatus.
- Es la incomodidad de hablar de Jesús en público, de vivir en santidad, de ser "diferente".

"Porque no me avergüenzo del evangelio, porque es poder de Dios para salvación..." (Romanos 1:16)

Pablo no dice que el evangelio es una idea. Dice que es poder. Y quien ha nacido de nuevo no se avergüenza del poder que lo salvó.

La Verguenza como Evidencia de no Haber Nacido de Nuevo

* El nuevo nacimiento no es solo una decisión. Es una transformación espiritual.
* Cuando alguien ha nacido de nuevo, su identidad cambia.
* Ya no vive para agradar al mundo, sino para agradar a Dios.

"El que se avergonzare de mí y de mis palabras... el Hijo del Hombre se avergonzará de él..." (Lucas 9:26)

La vergüenza del evangelio revela que el alma aún no ha sido conquistada por la verdad. Aún teme al juicio humano más que al juicio divino. Aún busca aprobación terrenal más que comunión eterna.

El Alma no Regenerada: Dividida, Temerosa, Silenciosa

El alma que no ha nacido de nuevo vive en tensión: quiere agradar a Dios, pero teme al mundo. Esa tensión genera silencio espiritual, doble vida, superficialidad. No hay testimonio, no hay fruto, no hay fuego.

"Estos confiesan que conocen a Dios, pero con los hechos lo niegan..." (Tito 1:16)

El Nuevo Nacimiento: Libertad, Identidad, Testimonio

Cuando el Espíritu Santo entra, la verguenza se va, porque el alma ya no vive para sí, sino para Aquel que la rescató.

"De modo que si alguno está en Cristo, nueva criatura es..."
(2 Corintios 5:17)

El nuevo nacimiento produce:

❖ Valentía espiritual
❖ Gozo en la identidad cristiana
❖ Deseo de testificar, aun en medio del rechazo

"Y recibiréis poder cuando haya venido sobre vosotros el Espíritu Santo, y me seréis testigos..." (Hechos 1:8)

Y, ¿Cómo se vence la vergüenza?

✓ No con esfuerzo humano, sino con rendición total al Espíritu.
✓ No con estrategias, sino con una experiencia real de salvación.
✓ No con religión, sino con relación viva con Cristo.

"El perfecto amor echa fuera el temor..." (1 Juan 4:18)

Cuando el alma ha sido regenerada, ya no teme ser luz en medio de las tinieblas. Porque sabe que su vida ya no le pertenece.

LA INFLUENCIA DEL MUNDO: FILOSOFÍAS QUE DEFORMAN AL HOMBRE

Desde el principio, el mundo ha ofrecido sabiduría sin Dios. Una sabiduría que seduce, que promete libertad, pero que termina deformando el alma. En el Edén, la serpiente no ofreció placer. Ofreció conocimiento. Pero era un conocimiento sin obediencia, sin cruz, sin comunión.

"Seréis como Dios, sabiendo el bien y el mal." (Génesis 3:5)

Filosofías que Exaltan el Yo

El mundo moderno predica la autonomía como virtud suprema, por esta razón, es común escuchar las siguientes expresiones:

* "Sé tú mismo", "sigue tu corazón", "tu verdad es suficiente"...

Pero el corazón humano, sin redención, es engañoso y perverso.

"Engañoso es el corazón más que todas las cosas, y perverso; ¿quién lo conocerá?" (Jeremías 17:9)

Estas filosofías no solo deforman la conducta. Deforman la identidad. El hombre deja de verse como criatura, y se convierte en su propio dios.

Negación del pecado, redefinición de la verdad

El mundo no quiere hablar de pecado. Prefiere llamarlo "expresión", "libertad", "autenticidad", pero donde no hay pecado, no hay necesidad de redención. Y donde no hay verdad, todo se vuelve relativo, confuso, caótico.

"¡Ay de los que a lo malo dicen bueno, y a lo bueno malo!" (Isaías 5:20)

De esta manera el alma es extraviada, en otras palabras, cuando el hombre se convierte en su propio centro, el alma se desorienta. Ya no hay norte, ya no hay altar, ya no hay verdad.

El alma, sin dirección divina, se fragmenta, se endurece, se pierde.

"Profesando ser sabios, se hicieron necios." (Romanos 1:22)

Solo la Palabra puede restaurar la visión, no basta con buenas intenciones.

Solo la Palabra de Dios puede reordenar la visión, restaurar la identidad, renovar el entendimiento.

"No os conforméis a este siglo, sino transformaos por medio de la renovación de vuestro entendimiento..." (Romanos 12:2)

La Palabra no solo informa. Transforma.

No solo corrige. Restaura.

No solo revela. Libera.

Capítulo 9

MI ESPACIO INTIMO

Donde el Alma se Enfrenta a sus Enemigos

Antes de continuar, te invito a detenerte.

A respirar.

A dejar que el Espíritu te envuelva sin prisa, sin juicio, sin defensa.

Este capítulo no es para entender. Es para sentir. Es para recordar quién eres cuando nadie te exige nada. Es para reconocer lo invisible que te ha tocado, herido, formado... y que Dios quiere redimir.

Aquí no hay estructura. Solo presencia. Aquí no hay presión. Solo ternura.

Prepárate para mirar hacia adentro. Para reconocer que la carne ha gobernado demasiado tiempo. Para aceptar que el caos interior no es tu destino. Para recibir el perdón que no sabías que necesitabas.

Este es tu espacio íntimo. Tu momento con Él. Tu encuentro con la verdad que no acusa, sino libera. Con la cruz que no condena, sino restaura. Con el Espíritu que no exige, sino abraza.

Aquí comienza el verdadero camino. No hacia afuera, sino hacia adentro. No hacia el deber, sino hacia la comunión. No hacia la perfección, sino hacia la rendición.

DIALOGO INTERIOR

¿Y si el Caos Interior Tiene Nombre?

Reflexión personal para el alma que quiere discernir

¿Alguna vez pensaste que tu lucha era solo emocional... y no espiritual? ¿Que tu ansiedad, tu culpa, tu confusión... eran solo humanas? ¿Que el caos que sientes no tiene raíz, porque no lo puedes explicar?

¿Y si el caos interior tiene nombre? ¿Y si viene de errores que nunca trataste, de culpas que nunca soltaste, de puertas que nunca cerraste?

¿Has sentido que tu alma está fragmentada, pero no sabes por qué? ¿Que tu oración no fluye, tu adoración no arde, tu fe no avanza? ¿Que hay algo que te detiene... pero no sabes cómo nombrarlo?

¿Y si no todo lo que te pasa viene de ti? ¿Y si hay influencias que heredaste, atmósferas que absorbiste, heridas que nunca discerniste?

Detente un momento...

No para temer.

No para juzgar.

Sino para mirar con ojos espirituales lo que quizás has ignorado.

¿Has sentido que en tu congregación hay algo que no se habla, pero se siente? ¿Que hay personas que sufren en silencio, y nadie sabe por qué? ¿Que hay cadenas invisibles que no se rompen con esfuerzo, sino con revelación?

Y si hoy decides mirar hacia adentro...

¿Podrías aceptar que la carne ha gobernado demasiado tiempo? ¿Que el desorden sexual, el error, la culpa, la vergüenza... han dejado huellas? ¿Que el mundo ha deformado tu visión, y que solo la cruz puede restaurarla?

Y si hoy decides rendirte...

¿Podrías creer que Dios no solo quiere salvarte, sino liberarte? ¿Que no solo quiere que lo sigas, sino que lo representes? ¿Que no solo quiere que lo adores, sino que camines en autoridad?

Este diálogo no termina aquí. Es solo el comienzo. Porque cuando el alma se abre, el Espíritu comienza a revelar.

SUSURROS DEL ESPIRITU
Yo Te Llamo Libre

Palabras que rompen cadenas invisibles...

"No estás solo. Nunca lo estuviste. Aunque la carne haya gobernado, aunque el error haya marcado tu historia... Yo estuve allí."

"Yo vi cuando caíste. Yo sentí la culpa que te encerró. Yo escuché el silencio que nadie entendió.

Y hoy quiero que sepas: No estás condenado. No estás atrapado para siempre. No estás definido por tu pasado."

"Yo soy tu Libertador. No como el que te prometió y falló. Soy el que rompe cadenas. El que sana el caos interior. El que borra la culpa. El que restaura lo que parecía imposible."

"Tu alma no está destinada a vivir en vergüenza. Tu cuerpo no tiene que cargar lo que el mundo sembró. Tu historia no termina en confusión."

"Yo puedo enseñarte a discernir. Yo puedo enseñarte a rendirte. Yo puedo enseñarte a caminar en mi luz, sin temor, sin vergüenza."

"No temas mirar hacia adentro. Yo estaré contigo en cada rincón. No temas confrontar lo invisible. Yo te daré autoridad para expulsarlo. No temas cambiar. Yo te daré fuerza para cerrar puertas que nunca debieron abrirse."

"Hoy te llamo por tu nombre. Hoy te afirmo como hijo. Hoy te limpio como nunca te limpiaron. Hoy te doy paz donde hubo tormento, y libertad donde hubo atadura."

"Yo soy tu escudo. Yo soy tu luz. Yo soy tu verdad. Yo soy tu Padre. Y tú… eres libre."

HABLANDO CON DIOS
Padre, Crucifícame y Renuévame

"Dios mío... Aquí estoy. No con fuerza, sino con verdad. No con máscaras, sino con heridas. No con argumentos, sino con hambre de ti."

"He vivido gobernado por la carne. He caído en errores que me marcaron. He cargado culpas que me encerraron. He sentido caos que no sabía cómo nombrar."

"Pero hoy... Hoy reconozco que no puedo más. No quiero reformarme. Quiero morir contigo. No quiero mejorar. Quiero nacer de nuevo."

"Padre, crucifica mi yo. Crucifica mi orgullo, mi verguenza, mi desorden. Crucifica lo que me aleja de ti, lo que me divide, lo que me confunde."

"Y renuévame. Hazme templo. Hazme altar. Hazme hijo que camina en luz, no en sombra."

"Enséñame a rendirme cada día. A vivir desde tu verdad, no desde mi historia. A caminar en autoridad, no en temor. A proclamar tu evangelio sin vergüenza, sin doblez, sin silencio."

"Gracias por tu cruz. Gracias por tu perdón. Gracias por tu Espíritu. Gracias por llamarme libre."

...En el Nombre de Tu Hijo Amado, Jesús, Amén...

Sección IV

VOCES QUE ME ROMPIAN

Mentiras que me Alejaban de Dios

"...; y deseando morirse, dijo: Basta ya, oh Jehová, quítame la vida, pues no soy yo mejor que mis padres..."
(1 Reyes 19:4b)

Sección IV: VOCES QUE ME ROMPIAN *Mentiras que me Alejaban de Dios*

Como los Mensajes Destructivos hacen daño...

Hay momentos en la vida donde el dolor no solo se siente... se escucha. Voces que no vienen de Dios, pero que se disfrazan de pensamiento propio. Voces que susurran en el caos, que se infiltran en la tristeza, que se alimentan del desánimo. Voces que rompen la identidad, que distorsionan la verdad, que empujan al alma hacia la rendición.

Esta sección nace de un testimonio real, de una batalla interior que muchos han vivido en silencio. Aquí no se juzga el dolor. Se discierne. Aquí no se oculta la lucha. Se expone para ser vencida. Aquí no se glorifica la herida. Se transforma en altar.

Lo que encontrarás en esta sección:

Capítulo 10: Mi Historia. Testimonio, una narración honesta sobre cómo el desánimo, la culpa y la vergüenza abrieron puertas a pensamientos destructivos, y cómo el Reino de Dios comenzó a redimir lo que parecía perdido.

Capítulo 11: Tesoros Valiosos. Enseñanza Teológica, Una mirada bíblica y doctrinal sobre la influencia espiritual en momentos de vulnerabilidad, el poder de las voces que destruyen, y la autoridad que el creyente tiene para discernir y vencer.

Capítulo 12: Mi Espacio Íntimo. Un capítulo compuesto de:

➢ **Diálogo Interior.** Reflexión personal, un espacio íntimo para contemplar cómo las emociones pueden abrir puertas invisibles, y cómo el alma puede aprender a identificar lo que no viene de Dios.

➢ **Susurros del Espíritu.** Palabras suaves que acarician el alma, revelando que el Padre no se aleja en el dolor, sino que se acerca para afirmar, limpiar y restaurar.

➢ **Hablando con Dios.** Una oración que nace desde la rendición, clamando por discernimiento, sanidad interior y libertad espiritual.

Esta sección es una invitación a mirar hacia adentro con ojos espirituales. A reconocer que no toda tristeza es inocente, que no todo pensamiento es propio, que no toda voz merece ser escuchada.

Es una proclamación de libertad para el alma que ha sido rota por mentiras... y que ahora será restaurada por la verdad.

Capítulo 10

MI HISTORIA

El Reino que Ataca: No Quiero Caminar Más

Cuando la Mentira se Viste de Pensamiento Propio...

"...; y deseando morirse, dijo: Basta ya, oh Jehová, quítame la vida, pues no soy yo mejor que mis padres..." (1 Reyes 19:4b)

A los 24 años, mi vida estaba sumida en el caos. No soportaba más una existencia sin sabor, sin sentido, sin color. Esa era mi perspectiva: lo que veía, lo que sentía.

¿Y en qué se basaba esa visión?

Había fracasado por segunda vez en una relación amorosa, y ese quiebre afectaba múltiples áreas de mi ser. Me sentía desanimado, triste, desesperado, vacío, decepcionado, traicionado, vulnerable...

Toda una tormenta de emociones que se unían para construir una conclusión errada:

¡No quiero caminar más!

Esa expresión, egoísta y arrogante, resonaba desde lo más profundo de mi interior, envuelta en recuerdos de fracasos y adornada con imágenes de derrota. Una combinación fatal que formaba una fortaleza mental, una estructura perversa que proyectaba una idea maligna dentro de mí.

¡No puedo regresar a la casa de mis padres derrotado!

Otra expresión arrogante que no admite el error, ni el perdón. Alimentaba una culpabilidad asesina. La arrogancia acepta el fracaso, pero rechaza el renuevo. Identifica el error, pero niega la posibilidad de una nueva oportunidad. Se presenta como un dios maligno que solo busca juzgar, matar y destruir.

Todo esto lo viví en mi juventud. Y esos elementos me llevaron a atentar contra mi vida. Tomaba píldoras sin leer su contenido, buscando un efecto dañino. En otras ocasiones, me quemaba el brazo con un cautín caliente. Quería castigarme por mis errores.

Pero...

¿todo esto puede ser causado solo por emociones?

¿La tristeza, la decepción, el vacío... pueden conducir al suicidio?

¿De dónde surge la idea de acabar con la vida?

¿De dónde nace la conclusión de que no hay esperanza?

Exactamente, lo abordaremos en el siguiente capitulo.

Capítulo 11

TESOROS VALIOSOS

Voces que Me Rompían — Discernir para Vencer

Cuando el dolor abre puertas invisibles…

"…Porque oigo la calumnia de muchos; El miedo me asalta por todas partes, Mientras consultan juntos contra mí E idean quitarme la vida…" (Salmo 31:13)

El error es fácil de identificar. Nadie celebra equivocarse. Fuimos diseñados para triunfar, y cuando fallamos, es natural sentir dolor. Pero cuando el desánimo se instala, se abre la puerta a emociones más oscuras:

> ➢ **Desánimo:** ausencia de ánimo, pérdida de motivación.
> ➢ **Tristeza:** dolor del alma por pérdida o frustración.
> ➢ **Decepción:** resultado opuesto al esperado, sensación de engaño.
> ➢ **Vacío:** confirmación de que el ánimo se ha ido.
> ➢ **Verguenza:** orgullo herido por el error expuesto públicamente.
> ➢ **Desespero:** estado espiritual que niega nuevas oportunidades.

Todos estos elementos estaban presentes en mí. Pero la idea de acabar con mi vida… ¿de dónde vino?

¿Quién me habla cuando estoy cansado?

En medio del caos emocional, una voz externa puede infiltrarse, sugiriendo que no vale la pena seguir. No es solo una idea: son expresiones alineadas con el estado emocional, como:

"Tu destino es fracasar"

"Se acabaron las oportunidades"

"Nunca lo lograrás"

"La muerte es una solución"

Estas frases no aparecen en momentos de alegría. Surgen en el caos.

¿Son parte de mis emociones? No.

Son añadidas.

Se manifiestan cuando estoy cansado de caminar.

"El ladrón no viene sino para hurtar y matar y destruir; yo he venido para que tengan vida, y para que la tengan en abundancia." (Juan 10:10)

Este texto revela dos personajes:

❖ **El ladrón:** viene a hurtar, matar y destruir.
❖ **Jesús:** viene a dar vida en abundancia.

Ambos "han venido", es decir, se acercan. Y sus propósitos son opuestos y podemos identificarlos por lo que hacen.

Mensajes que Destruyen desde Adentro

Expresión Destructiva	Acción del ladrón
"Tu destino es fracasar"	Destruye tu esperanza
"Se acabaron las oportunidades"	Hurta tu ánimo
"No vale la pena intentarlo"	Mata tus deseos
"Jamás obtendrás el triunfo"	Destruye tu motivación
"Eres un perdedor"	Mata tu identidad
"Nunca lo lograrás"	Mata tu fe
"Lo mejor es no continuar viviendo"	Destruye tu vida
"Morir te hará descansar"	Hurta tus fuerzas
"La muerte es una solución"	Mata tu vida

Todas estas expresiones vienen del ladrón. Y debemos identificarlas para rechazarlas, incluso en medio del dolor.

"No tenemos lucha contra sangre y carne, sino contra principados... contra los gobernadores de las tinieblas..." (Efesios 6:12)

¿Qué desea mi alma en medio del dolor?

"Venid a mí todos los que estáis trabajados y cargados, y yo os haré descansar." (Mateo 11:28)

"Por la misericordia de Jehová no hemos sido consumidos... nuevas son cada mañana." (Lamentaciones 3:22–23)

"A los que aman a Dios, todas las cosas les ayudan a bien..." (Romanos 8:28)

Estas son las palabras que mi alma necesita oir. Palabras que abrazan, que restauran, que dan descanso.

Esta en nosotros el tomar la decisión para dejarnos transformar por la Palabra de Dios y así redimir la mentira con la verdad.

Veamos la siguiente tabla, y observemos como esta sustitución de declaraciones pueden definir nuestros estados emocionales y consecuentemente nuestra conducta.

Voz del ladrón	Voz de Cristo
"Tu destino es fracasar"	En Cristo, somos más que vencedores (*Romanos 8:37*)
"Se acabaron las oportunidades"	Sus misericordias son nuevas cada mañana (*Lamentaciones 3:23*)
"No vale la pena intentarlo de nuevo"	Todo lo puedo en Cristo que me fortalece (*Filipenses 4:13*)
"Jamás obtendrás el triunfo"	El que comenzó la buena obra la perfeccionará (*Filipenses 1:6*)
"Eres un perdedor"	Eres hechura suya, creado en Cristo para buenas obras (*Efesios 2:10*)
"Siempre vas a fracasar"	El Señor es tu escudo y fortaleza (*Salmo 18:2*)
"Nunca lo lograrás"	Con Dios haremos proezas (*Salmo 60:12*)
"Lo mejor es no continuar viviendo"	Él da poder al cansado y multiplica las fuerzas (*Isaías 40:29*)
"Morir te hará descansar"	Venid a mí… y yo os haré descansar (*Mateo 11:28*)
"La muerte es una solución"	Cristo vino para que tengamos vida en abundancia (*Juan 10:10*)

La Escritura no deja lugar a dudas: existe un reino de maldad que opera en las sombras, cuyo propósito es destruir la imagen de Dios en el hombre. Este reino no se manifiesta con cuernos ni tridentes, sino con susurros disfrazados de pensamientos, emociones distorsionadas, y estructuras mentales que se levantan contra el conocimiento de Dios.

"Porque las armas de nuestra milicia no son carnales, sino poderosas en Dios para la destrucción de fortalezas..." (2 Corintios 10:4)

Jesús lo llamó "el ladrón" —una figura que no solo roba lo externo, sino que busca penetrar lo más íntimo del ser humano: su identidad, su propósito, su esperanza.

"Tomad el escudo de la fe, con que podáis apagar todos los dardos de fuego del maligno." (Efesios 6:16)

Pero el creyente no está indefenso. Dios ha provisto armas espirituales para resistir, para discernir, y para vencer:

- ✓ **La Verdad:** que desenmascara la mentira.
- ✓ **La Justicia:** que protege el corazón.
- ✓ **El Evangelio de la Paz:** que da firmeza en medio del caos.
- ✓ **La Fe:** que apaga los dardos del enemigo.
- ✓ **La Salvación:** que protege la mente.
- ✓ **La Palabra de Dios:** que es como una espada viva y eficaz.
- ✓ **La Oración:** que conecta al alma con el poder del cielo.

El reino del mal quiere que el hombre se rinda, se aísle, se castigue, se destruya. Pero el Reino de Dios quiere que el hombre se levante, se sane, se restaure, y camine en victoria.

Aprendamos a Discernir para Vencer

➤ Cuando el alma está cansada, el enemigo susurra:

"No vale la pena seguir."

Pero el Espíritu Santo responde:

"Ven a mí, y yo te haré descansar." (Mateo 11:28)

➢ Cuando el corazón está herido, el enemigo grita:

"Eres un fracaso."

Pero el Padre declara:

"Eres mi hijo amado, en quien tengo complacencia." (Mateo 3:17)

➢ Cuando la mente está confundida, el enemigo insinúa:

"La muerte es la solución."

Pero Jesús proclama:

"Yo soy la vida, y el que cree en mí, aunque esté muerto, vivirá." (Juan 11:25)

Discernir estas voces es vital. No todo pensamiento viene de nosotros. No toda emoción es inocente. Hay influencias espirituales que buscan moldear nuestra percepción, nuestra conducta, nuestra fe. Pero hay una voz que siempre trae vida, paz, y verdad. Esa voz es la del Buen Pastor.

Capítulo 12

MI ESPACIO INTIMO

Donde el Alma Aprende a Escuchar la Voz Correcta

Antes de continuar, te invito a detenerte. A respirar. A soltar las voces que te han roto. A abrir el corazón sin prisa, sin defensa, sin miedo.

Este capítulo no es para debatir. Es para discernir. Es para sanar. Es para escuchar la voz que nunca te condena.

Aquí no hay exigencias. Solo presencia. Aquí no hay presión. Solo ternura.

Prepárate para reconocer que no toda voz viene de Dios. Que no todo pensamiento es tuyo. Que no toda emoción es inocente. Y que el Espíritu Santo quiere enseñarte a escuchar con libertad.

Este es tu espacio íntimo. Tu momento con Él. Tu encuentro con la verdad que no grita, sino susurra. Con el Padre que no acusa, sino abraza. Con el Espíritu que no exige, sino libera.

Aquí comienza el verdadero descanso. No el que viene por evasión, sino el que nace de la revelación. Aquí comienza la restauración de tu oído espiritual. Aquí comienza el silencio que sana.

Mentiras que Me Alejaban de Dios

DIALOGO INTERIOR
¿Y si Esa Voz No Era Tuya?

Reflexión personal para el alma que quiere discernir…

¿Alguna vez pensaste que tus pensamientos eran solo tuyos? ¿Que esa voz que te decía "no vales nada" era parte de tu carácter? ¿Que ese deseo de rendirte era simplemente una emoción pasajera?

¿Y si no era así? ¿Y si esa voz no venía de ti… sino contra ti?

¿Has sentido que en tu mente hay frases que no elegiste, pero que se repiten como ecos? ¿Que en tu alma hay una tristeza que no sabes de dónde viene? ¿Que en tu cuerpo hay un cansancio que no se va con descanso?

Detente un momento…

No para juzgarte.

No para temer.

Sino para mirar con discernimiento lo que has estado escuchando.

¿Y si hay un reino que ataca cuando estás más vulnerable? ¿Y si hay un ladrón que susurra cuando estás cansado, herido, decepcionado?

"El ladrón no viene sino para hurtar, matar y destruir…" (Juan 10:10ª)

¿Y si esas frases que te rompieron no eran tuyas?

"Nunca lo lograrás"

"Eres un fracaso"

"La muerte es una solución"

"Nadie te va a perdonar"

"No hay salida para ti"

Y si hoy decides mirar con discernimiento...

¿Podrías reconocer que no todo lo que piensas viene de ti? ¿Podrías aceptar que hay una guerra espiritual en tu mente? ¿Podrías creer que hay una voz más alta, más dulce, más verdadera?

"Tomad el escudo de la fe, con que podáis apagar todos los dardos de fuego del maligno." (Efesios 6:16)

Y si hoy decides levantar ese escudo...

¿Podrías apagar los dardos que te han herido por años? ¿Podrías dejar de pelear solo, y comenzar a escuchar al Pastor?

"Mis ovejas oyen mi voz, y yo las conozco, y me siguen." (Juan 10.27)

Y si hoy decides escuchar la voz correcta...

¿Podrías permitir que el Espíritu te afirme, te limpie, te guíe? ¿Podrías abrir un espacio íntimo donde la mentira no tenga acceso? ¿Podrías dejar que Dios te devuelva tu verdadero nombre?

Este diálogo no termina aquí. Es solo el comienzo. Porque cuando el alma aprende a escuchar la voz correcta, el alma comienza a sanar.

SUSURROS DEL ESPIRITU
Yo Soy la Voz que Te Sana

Palabras que rompen cadenas invisibles...

"No todas las voces que escuchaste eran tuyas. No todas las frases que te rompieron venían de tu alma. Algunas fueron sembradas por el enemigo. Otras fueron heredadas por el dolor. Pero ninguna de ellas tiene poder sobre ti... si escuchas mi voz."

"Yo estuve allí cuando pensaste que no valía la pena seguir. Yo escuché el susurro que te decía que eras un fracaso. Yo vi la tristeza que te envolvía, la culpa que te encerraba, la verguenza que te paralizaba."

"Pero hoy te digo: No eres un fracaso. No estás condenado. No estás solo."

"Yo soy la voz que te sana. La voz que no grita, pero transforma. La voz que no acusa, pero afirma. La voz que no destruye, pero edifica."

"Yo soy el Buen Pastor. Y mis ovejas oyen mi voz. No la del ladrón. No la del acusador. No la del engaño."

"Mis ovejas oyen mi voz, y yo las conozco, y me siguen." (Juan 10:27)

"Hoy te llamo por tu nombre. Hoy te limpio con mi verdad. Hoy te afirmo como hijo. Hoy te doy descanso donde hubo tormento, y paz donde hubo confusión."

"Yo soy tu escudo. Yo soy tu luz. Yo soy tu verdad. Yo soy tu Padre. Y tú… eres mío."

HABLANDO CON DIOS

Padre, Enséñame a Escuchar Tu Voz

"Dios mío… He escuchado tantas voces que no eran tuyas. Voces que me rompieron, que me confundieron, que me empujaron al borde. Voces que se disfrazaban de pensamientos, pero que venían del enemigo."

"Hoy reconozco que no todo lo que pensé era mío. Que no toda tristeza era inocente. Que no toda emoción era neutral. Que hay un reino que ataca… pero también hay un Reino que restaura."

"Padre, enséñame a discernir. A reconocer tu voz en medio del ruido. A identificar los susurros que no vienen de ti. A apagar los dardos con la fe que tú me diste."

"Haz de mi mente un altar. Haz de mi oído un templo. Haz de mi alma un lugar donde solo tú hablas."

"Gracias por no abandonarme en el caos. Gracias por hablarme con ternura. Gracias por llamarme hijo cuando yo me llamaba fracaso."

"Hoy me rindo. No a la tristeza. No a la mentira. Sino a tu verdad que me sana."

"Hoy decido escuchar solo tu voz. La que afirma. La que restaura. La que da vida."

…En el Nombre de Tu Hijo Amado, Jesús, Amén…

CIERRE PROFÉTICO DE LA PRIMERA PARTE

El Mal Camino No Tiene la Última Palabra…

"Yo vi tus raíces rotas. Vi la herencia que dolía en silencio. Vi el niño que no entendía por qué lloraba, el joven que no sabía por qué caía, el adulto que no sabía cómo sanar."

"Yo vi las sombras que prometían luz. Vi los altares ajenos, las palabras seductoras, las atmósferas que parecían espirituales… pero no lo eran. Vi el engaño que se disfrazaba de revelación, y el alma que se rendía sin saber que estaba siendo atada."

"Yo vi el fuego en tu sangre. Vi la carne que gritaba, el deseo que gobernaba, la batalla entre dos reinos dentro de ti. Vi el cuerpo que se convertía en altar profanado, y el espíritu que lloraba por comunión."

"Yo escuché las voces que te rompían. Las frases que no eran tuyas, pero que te marcaron. Las mentiras que se disfrazaban de pensamientos. Las palabras que te empujaban al borde, cuando tú solo querías descansar."

Pero hoy te digo:

"El mal camino no tiene la última palabra. La herencia rota no define tu destino. Las sombras no apagan tu luz. La carne no

109

gobierna tu espíritu. Las voces que te rompieron no son tu identidad."

"Hoy te llamo por tu nombre. Hoy te afirmo como hijo. Hoy te limpio con mi verdad. Hoy te doy descanso donde hubo tormento, y vida donde hubo muerte."

"Porque yo soy el que restaura. El que redime. El que transforma el valle en altar. El que convierte el mal camino en testimonio de gloria."

Prepárate.

Porque lo que viene no es repetición... es redención.

SEGUNDA PARTE

- SALIENDO DEL MAL CAMINO -

Una Historia de Retorno: Despertar Interior, Cruz Revelada en la Madrugada, Lágrimas Convertidas en Gozo y Rescate Orquestado por el Padre.

- SALIENDO DEL MAL CAMINO -

Una Travesía de Despertar, Regreso, Fuego y Rescate

Hay caminos que se abandonan... pero no se abandonan solos. Hay verdades que despiertan... pero no despiertan sin luz. Y hay regresos que parecen decisión humana... pero fueron provocados desde el cielo.

Si la Primera Parte fue un viaje hacia la herida, esta Segunda Parte es un viaje hacia la luz que me llamó por mi nombre. Aquí comienza el movimiento de Dios en mi interior: la conciencia, el arrepentimiento, el regreso, la intimidad, el fuego del Espíritu y la revelación del amor que me rescató.

No es una historia de perfección. Es una historia de despertar.

No es una historia de fuerza humana. Es una historia de intervención divina.

No es una historia de religión. Es una historia de encuentro.

Lo que encontrarás en esta Segunda Parte es el relato vivo de cómo el Espíritu de Dios me sacó del mal camino, no con violencia, sino con verdad, con ternura, con disciplina y con un amor que movió cielo y tierra para alcanzarme.

Lo que encontrarás en esta Segunda Parte:

Sección V: El Despertar de mi Conciencia - Aquí comienza todo. La luz que revela, la verdad que incomoda, la conciencia que se abre. Este es el momento en que entendí mi condición, mi necesidad

113

y mi urgencia de un Salvador. Sin este despertar, no hay arrepentimiento. Sin arrepentimiento, no hay nuevo nacimiento.

Sección VI: El Retorno a Casa - Volver a casa no fue solo un acto físico. Fue un regreso al Padre. Fue la madrugada que se convirtió en altar, la Biblia que se volvió pan, la disciplina que se transformó en encuentro. Aquí descubrí quién es Jesús... y quién soy yo en Él.

Sección VII: Testificando de Ti - Lo que el Espíritu encendió en mí no se quedó en silencio. La verdad que me liberó se convirtió en mensaje. La experiencia se convirtió en misión. El fuego interior se volvió impulso para hablar, para salir, para proclamar lo que había visto y oído.

Sección VIII: El Rescate Orquestado - Al final del camino entendí algo que me quebró de amor: no regresé solo. No desperté solo. No me salvé solo. Dios movió ángeles, personas, intercesores, circunstancias y misericordias invisibles para traerme de vuelta. Mi rescate fue un plan. Mi regreso fue una obra del cielo.

Cada sección está compuesta por tres capítulos:

> ➢ **Mi Historia:** Un testimonio personal que narra sin adornos.
> ➢ **Tesoros Valiosos:** Una enseñanza teológica que ilumina con verdad.
> ➢ **Mi Espacio Intimo:** Un capítulo en donde el lector encontrara un **Dialogo Interior:** Una reflexión íntima que dialoga con el alma, **Susurros del Espíritu:** Un susurro santo que acaricia el espíritu del hombre y una oportunidad para que **Hablando con Dios:** por medio de una oración pastoral entrega todo a Dios.

Esta Segunda Parte no es solo la historia de cómo salí del mal camino. Es la historia de cómo Dios entró en mi vida y me llevo al camino de santidad.

114

Sección V

EL DESPERTAR DE MI CONCIENCIA

Soy un Pecador

"...Y cuando él venga, convencerá al mundo de pecado, de justicia y de juicio. ..."
(Juan 16:8)

Sección V: EL DESPERTAR DE MI CONCIENCIA *Soy un Pecador*

Cuando la Luz Revela lo que la Oscuridad Ocultaba...

Hay momentos en la vida donde la verdad no solo se entiende... se revela. No llega como un pensamiento lógico, sino como una luz que irrumpe en lo profundo del alma. Una luz que no acusa, pero sí expone. Una luz que no destruye, pero sí desnuda. Una luz que muestra, con una claridad imposible de ignorar, que el camino recorrido estaba lejos del corazón de Dios.

La conciencia de pecado no es culpa vacía. No es vergüenza sin propósito. Es el primer milagro. Es el despertar del espíritu. Es el instante en que el hombre deja de justificarse... y comienza a verse como Dios lo ve.

Esta sección nace de ese despertar. De ese momento santo donde entendí mi condición, donde la verdad me alcanzó, donde el Espíritu comenzó a mostrarme no solo lo que había hecho... sino quién era sin Él. No es un relato para condenar, sino para iluminar. No es una historia de vergüenza, sino de revelación. No es un capítulo de derrota, sino el inicio del arrepentimiento que prepara el nuevo nacimiento.

Lo que encontrarás en esta sección:

Capítulo 13: Mi Historia. Un testimonio honesto sobre cómo la luz de Dios comenzó a revelar mi pecado, mi necesidad y mi realidad interior. Un relato del momento en que dejé de huir de mí mismo y enfrenté la verdad que me prepararía para volver a casa.

Capítulo 14: Tesoros Valiosos. Una enseñanza teológica que explica la conciencia de pecado desde la Escritura: qué es, por qué es necesaria, cómo opera el Espíritu Santo, y por qué sin este despertar no existe arrepentimiento genuino ni nuevo nacimiento.

Capítulo 15: Mi Espacio Intimo: Es un capítulo compuesto de:

➢ **Dialogo Interior.** Una reflexión profunda para reconocer la verdad del corazón y permitir que la luz divina revele lo que necesita ser transformado.

➢ **Susurros del Espíritu.** Palabras suaves que recuerdan que Dios no revela para destruir, sino para sanar; no expone para avergonzar, sino para restaurar.

➢ **Hablando con Dios.** Una oración sincera que abre el alma al arrepentimiento, a la verdad y al inicio de una vida nueva.

Esta sección es una invitación a mirar hacia adentro sin miedo. A permitir que la luz entre. A reconocer que el despertar de la conciencia no es el final... es el principio del regreso.

Capítulo 13

MI HISTORIA

El Encuentro que Despertó mi Conciencia

Lágrimas en el Umbral del Arrepentimiento…

"Cuando venga el Espíritu Santo, convencerá al mundo de pecado, de justicia y de juicio." (Juan 16:8)

Así pasaban los días… cansado de vivir como vivía. Había un desgaste interno que no sabía nombrar, una fatiga del alma que no se resolvía con dormir, con huir o con intentar ignorar mi realidad. Hasta que un día, sin planearlo, sin entenderlo, sin buscar un momento "espiritual", me encerré en un baño, caí de rodillas y comencé a llorar.

No eran lágrimas comunes. Desde lo más profundo de mi ser brotaba un gemido intenso, un clamor que no sabía que existía dentro de mí. Allí, en ese piso frío, sin teología, sin doctrina, sin palabras elaboradas, clamé al Dios que había escuchado desde mi niñez y adolescencia. No sabía cómo orar, pero sabía que Él existía. Sabía que Él tenía poder para rescatarme. Sabía que Él era mi única esperanza.

A Él gemí. Desde lo más profundo de mi corazón.

Días después, la abuela de mi pareja y otra anciana se reunieron a orar como siempre lo hacían. Llamaban a mi pareja, pero esa vez algo cambió. No quise quedarme fuera. Me acerqué con respeto, con vergüenza, con necesidad… y les pedí que oraran por mí.

Soy Un Pecador

La anciana de cabellos blancos pidió un poco de aceite. Lo colocó en sus dedos y tocó mi frente. Oró por mí con una serenidad que no entendí.

No sentí nada. No hubo lágrimas, ni escalofríos, ni emociones visibles. Pero desde ese día, algo cambió. Una determinación interna comenzó a formarse. Yo seguía viviendo en pecado — fornicación, desorden, confusión— pero algo se estaba despertando.

Poco después, tras una discusión, hui de aquella casa. No tenía a dónde ir. Apenas llevaba tres meses en esa ciudad. Solo una amiga me recibió, aunque su casa era un lugar de caos: alcohol, promiscuidad, gritos de bebés ignorados por adultos dominados por sus pasiones.

Dormí en una pequeña cama, con el corazón destrozado. Antes de dormir, busqué una Biblia azul que llevaba en mi bolso. La abrí al azar y apareció el libro de Job. No sé si fue por su ubicación en la Biblia o por la soberanía de Dios, pero esa noche lo leí completo. Cada capítulo. Cada versículo. La lectura fue más fuerte que el ruido del infierno que me rodeaba.

Y entonces… las lágrimas comenzaron a caer. Primero una. Luego otra. Hasta que un manantial silencioso se abrió en mi alma.

Mientras lloraba, le decía a Dios:

"No me puedo comparar a Job. Job era justo. Yo he sido pecador."

Ese fue el momento. El Espíritu Santo comenzó a trabajar. Por primera vez, se despertó en mí la conciencia de pecado.

No era remordimiento superficial. No era culpa emocional. Era una revelación profunda.

Reconocí que era pecador. Y entendí que sin conciencia de pecado no hay perdón. Sin conciencia de pecado, la cruz no tiene sentido.

Jesús murió por los pecadores. Por ellos y para ellos. La cruz tiene significado cuando reconocemos que la necesitamos. La sangre de Cristo fue derramada por eso y para eso.

En ese momento no entendía lo que ocurría. Solo eran lágrimas y lectura. Pero ahora sé que el Espíritu Santo me estaba ayudando a reconocer mi condición. Aquellos dedos frágiles de la anciana fueron instrumentos de Dios para iniciar mi proceso de transformación.

Al día siguiente regresé a casa de mi pareja para pedirle perdón. La abracé, buscando reconciliación. Pero ella, con firmeza, me pidió que tomara mis cosas y me fuera. No lo esperaba, pero lo hice. Me marché con mi maleta de ropa y mi maleta de problemas, rumbo a la casa de mis padres.

Tampoco entendía eso en el momento. Pero después comprendí: era el proceso de Dios. Apartarme del pecado. Llevarme a un lugar donde pudiera trabajar conmigo en intimidad.

Así salí de aquella ciudad diciendo: "Nunca más regresaré a esta ciudad."

Derrotado. Herido. Abatido. Pero con una conciencia de pecado revelada por el Espíritu Santo.

Capítulo 14

TESOROS VALIOSOS
La Conciencia del Pecado y la Salvación

El Despertar de la Conciencia...Camino al arrepentimiento

"...Porque yo reconozco mis rebeliones, Y mi pecado está siempre delante de mí. Contra ti, contra ti solo he pecado, Y he hecho lo malo delante de tus ojos..." (Salmo 51:3-4a)

La Conciencia de Pecado: *El Primer Paso hacia el Camino de Santidad*

El primer paso en el Camino de Santidad no es la perfección, sino la conciencia de pecado. Nadie puede avanzar hacia la redención sin antes reconocer la necesidad de ser redimido. El alma que no se ve a sí misma como caída, jamás buscará levantarse.

Por eso, el Espíritu Santo no comienza su obra con milagros visibles, sino con una convicción invisible: la convicción de pecado.

Jesús lo dijo claramente: *"Cuando venga el Espíritu Santo, convencerá al mundo de pecado, de justicia y de juicio."* (Juan 16:8)

La conciencia de pecado no es culpa superficial ni remordimiento emocional. Es una revelación espiritual. Es el momento en que el alma se ve a sí misma a la luz de la santidad de Dios y reconoce que está lejos, que está rota, que está perdida.

David lo expresó en su oración más íntima: *"Contra ti, contra ti solo he pecado, y he hecho lo malo delante de tus ojos..."* (Salmo 51:4)

La conciencia de pecado es el umbral del arrepentimiento. Sin ella, la cruz no tiene sentido. Sin ella, la sangre de Cristo no tiene propósito.

¿Qué Significa "Entrar en Conciencia"?

Entrar en conciencia es despertar. Es cuando la mente deja de justificarse y el corazón deja de excusarse. Es cuando la luz de Dios ilumina lo que antes estaba escondido en sombras.

Pablo describe el estado contrario: una conciencia cauterizada.

"...Teniendo cauterizada la conciencia..." (1 Timoteo 4:2)

Una conciencia cauterizada es aquella que ya no siente, ya no percibe, ya no distingue entre lo santo y lo profano. Es un corazón que normalizó el pecado, que perdió sensibilidad espiritual, que dejó de escuchar la voz de Dios.

Pero cuando el Espíritu Santo toca el alma, la conciencia se despierta. Lo que antes parecía normal, ahora pesa. Lo que antes se justificaba, ahora duele. Lo que antes se ignoraba, ahora se revela.

Ese despertar no es humano. No es psicológico. No es moral. Es espiritual.

Solo el Espíritu Santo puede Despertar la Conciencia

El despertar de la conciencia de pecado es una obra exclusiva del Espíritu Santo. Ningún hombre puede producirla por sí mismo.

Ningún sermón, por más elocuente, puede fabricarla. Ninguna emoción puede sustituirla.

¿Por qué? Porque para que la impureza sea revelada, es necesaria la presencia de algo absolutamente puro. La luz revela lo que la oscuridad oculta. La santidad expone lo que el pecado esconde.

Por eso Isaías, al ver la gloria de Dios, no celebró... tembló:

"¡Ay de mí! que soy muerto; porque siendo hombre inmundo de labios..." (Isaías 6:5)

La conciencia de pecado nace cuando el Espíritu Santo acerca la luz de Cristo al corazón humano. Es un acto de misericordia, no de condenación. Es el inicio del milagro.

Sin Conciencia de Pecado: *La Cruz no tiene Sentido*

La cruz solo es preciosa para quien reconoce que la necesita. La sangre solo es medicina para quien sabe que está enfermo. El Evangelio solo es esperanza para quien entiende su condición.

Pablo lo resume así: *"Por cuanto todos pecaron, y están destituidos de la gloria de Dios."* (Romanos 3:23)

Sin conciencia de pecado:

> ➤ Jesús es solo un personaje histórico.
> ➤ La cruz es solo un símbolo.
> ➤ La sangre es solo una metáfora.
> ➤ El arrepentimiento es solo un ritual.
> ➤ La gracia es solo una idea.

Pero cuando el alma reconoce su pecado, entonces:

- ✓ La cruz se convierte en refugio.
- ✓ La sangre se convierte en medicina.
- ✓ La gracia se convierte en vida.
- ✓ Cristo se convierte en El Salvador.

Devoción sin Conciencia: *Un Fenómeno dentro de los Templos*

En amor y sin juicio, es necesario reconocer una realidad espiritual: hay personas dentro de los templos cristianos que son devotas a Jesús porque recibieron un milagro, un favor, una respuesta... pero nunca han experimentado el despertar de la conciencia de pecado.

Aman a Jesús como Benefactor, pero no como Redentor. Lo siguen por gratitud, pero no por rendición. Lo honran con emoción, pero no con transformación.

Y esto se refleja en su caminar:

- pasión fluctuante,
- obediencia intermitente,
- vida espiritual superficial,
- falta de convicción,
- ausencia de fruto.

No es condenación. Es revelación. Es una invitación a profundizar. Porque el verdadero amor por Cristo nace cuando entendemos de qué nos salvó.

El Caminar de Quien Sí Ha Despertado la Conciencia de Pecado

En contraste, cuando una persona ha experimentado el despertar de la conciencia de pecado, su caminar espiritual adquiere un tono completamente distinto. No porque sea perfecta, sino porque ha sido quebrantada, iluminada y rendida por el Espíritu Santo.

Así camina alguien que ha despertado:

1. Su pasión es constante, no emocional. No depende del ánimo, del ambiente o de la música. Su pasión nace de la gratitud profunda de haber sido rescatado. Como la mujer que derramó perfume a los pies de Jesús, ama mucho porque fue perdonada mucho.

2. Su obediencia es fruto de rendición, no de obligación. Obedece porque su corazón fue tocado por la verdad. No negocia con el pecado porque sabe lo que el pecado le hizo. No juega con la oscuridad porque recuerda de dónde fue sacado.

3. Su vida espiritual tiene raíces, no solo ramas. Ora no para cumplir, sino para respirar. Lee la Palabra no para saber, sino para vivir. Busca a Dios no por necesidad emocional, sino por convicción espiritual.

4. Su convicción es firme, no prestada. No vive de la fe de otros. No depende del ánimo del grupo. Su conciencia despierta le recuerda quién era sin Cristo… y quién es ahora en Él.

5. Su fruto es evidente, no forzado. El arrepentimiento verdadero produce fruto verdadero. Humildad. Paciencia. Dominio propio. Servicio. Compasión. Transformación.

Jesús lo dijo así:

"Por sus frutos los conoceréis."

127

Conciencia de Pecado → Arrepentimiento → Sumisión → Salvación

El despertar de la conciencia de pecado es el primer paso. El arrepentimiento es el segundo. La sumisión a Cristo es el tercero. Y la salvación es el fruto.

Este es el orden espiritual del nuevo nacimiento:

1. El Espíritu revela
2. El hombre reconoce
3. El corazón se quebranta
4. La voluntad se rinde
5. Cristo salva

Así comienza el Camino de Santidad. No con fuerza humana, sino con un corazón que dice:

"Soy pecador... y necesito un Salvador."

El despertar de la conciencia de pecado no es un evento emocional. Es una obra del Espíritu Santo que conduce al arrepentimiento. El arrepentimiento conduce a la sumisión. La sumisión conduce a la salvación.

Así camina el que ha sido tocado por la luz:

✓ reconoce su pecado,
✓ se quebranta,
✓ se rinde,
✓ se entrega,
✓ y comienza a caminar en santidad.

No porque sea fuerte, sino porque fue iluminado. No porque sea perfecto, sino porque fue perdonado. No porque sea mejor, sino porque fue rescatado.

Capítulo 15

MI ESPACIO INTIMO

Donde el Alma Aprende a Ver la Verdad con Luz

Antes de seguir avanzando, te invito a detenerte. A respirar profundo. A permitir que la luz de Dios toque esos lugares donde por años preferiste no mirar.

Este capítulo no es para culparte. Es para despertarte. No es para hundirte. Es para levantarte.

Aquí no hay acusación. Hay revelación. Aquí no hay vergüenza. Hay verdad que libera.

Prepárate para reconocer que la conciencia de pecado no es un castigo, sino un regalo. Que no es una carga, sino una puerta. Que no es el final, sino el comienzo del regreso.

Este es tu espacio íntimo. Tu momento con Él. Tu encuentro con la luz que no hiere, sino sana. Con el Padre que no expone para avergonzar, sino para restaurar. Con el Espíritu que no condena, sino que convence con ternura.

Aquí comienza el verdadero arrepentimiento. No el que nace del miedo, sino el que nace del amor. Aquí comienza la claridad del alma. Aquí comienza la libertad.

Soy Un Pecador

DIALOGO INTERIOR

Cuando la Luz Te Muestra Quién Eres... y Que Necesitas

Reflexión personal para el alma que necesita entrar en conciencia...

Detente un momento y pregúntate...

No para castigarte. No para hundirte en culpa. No para revivir errores pasados.

Sino para mirar con honestidad y ternura lo que el Espíritu está revelando.

¿Has sentido ese peso suave que no acusa, pero tampoco te deja igual? ¿Has notado que ciertas decisiones no nacen de maldad, sino de confusión? ¿Has descubierto que tu corazón estaba más lejos de Dios de lo que imaginabas?

La conciencia de pecado no llega para destruirte. Llega para despertarte.

Y si hoy decides mirar con compasión...

¿Podrías reconocer que no todo lo que hiciste fue por rebeldía, sino por ceguera? ¿Podrías aceptar que muchas veces actuaste sin entender tu propia necesidad? ¿Podrías ver que la dureza no siempre es maldad, sino defensa?

Y si miras tu historia con compasión... ¿Podrías admitir que estabas perdido, pero no abandonado? ¿Que estabas confundido, pero no rechazado? ¿Que estabas en pecado, pero no sin esperanza?

La conciencia despierta no te aplasta. Te humaniza. Te recuerda que necesitas un Salvador.

Y si hoy decides buscar a Dios...

¿Podrías creer que Él no te muestra tu pecado para avergonzarte, sino para sanarte? ¿Que no te revela tu condición para condenarte, sino para levantarte? ¿Que no te expone para destruirte, sino para restaurarte?

¿Podrías creer que Dios no solo quiere perdonarte... sino transformarte?

¿Que no solo quiere limpiarte... sino adoptarte?

¿Que no solo quiere que creas en Él... sino que te sientas hijo?

La conciencia de pecado es el susurro que te lleva a los brazos del Padre.

Y si hoy decides comenzar...

¿Podrías abrir un espacio íntimo para la verdad? ¿Un rincón donde puedas llorar, confesar, rendirte sin miedo? ¿Podrías permitir que el Espíritu te muestre lo que necesitas entregar?

¿Podrías dejar que la luz entre, aunque incomode? ¿Podrías permitir que Dios te hable, te afirme, te limpie? ¿Podrías dar el primer paso hacia el arrepentimiento que transforma?

Este diálogo no termina aquí. Es solo el comienzo.

Porque cuando la conciencia despierta... el Espíritu comienza a hablar.

Y cuando el Espíritu habla... el alma comienza a vivir.

Soy Un Pecador

SUSURROS DEL ESPIRITU

Lo que el Espíritu Santo Te Dice Cuando la Conciencia Despierta

Hijo mío, escucha...

No temas a la luz que estás viendo. Fui Yo quien la encendió.

No vine a señalarte para destruirte, sino para rescatarte. No vine a mostrarte tu pecado para avergonzarte, sino para sanarte. No vine a confrontarte para castigarte, sino para acercarte.

Yo fui quien tocó tu conciencia. Yo fui quien abrió tus ojos. Yo fui quien te hizo sentir ese peso suave que no te deja igual. Yo fui quien te llevó a reconocer tu necesidad.

No estás solo en este proceso. Estoy aquí, contigo, en cada paso. No te apresures. No te escondas. No huyas.

Permite que te muestre lo que necesitas entregar. Permite que te guíe hacia la cruz. Permite que te lleve al arrepentimiento que transforma.

No temas a la verdad. La verdad no te aplastará. La verdad te hará libre.

Soy Un Pecador

Yo no vine a condenarte. Vine a despertarte. Vine a levantarte. Vine a restaurarte.

Déjame terminar lo que comencé en ti.

Soy Un Pecador

HABLANDO CON DIOS

Padre, Quiero Ser Transformado...

Padre...

Hoy vengo delante de Ti sin máscaras, sin excusas, sin defensas. Reconozco que soy pecador. Reconozco que he caminado lejos de Tu voluntad. Reconozco que necesito Tu luz para ver mi condición.

Gracias por despertar mi conciencia. Gracias por mostrarme lo que no quería ver. Gracias por no dejarme en la oscuridad.

Espíritu Santo, toca mi corazón, revela lo que aún está oculto, muéstrame lo que debo entregar, y llévame al arrepentimiento que transforma.

Jesús, te necesito. Limpia mi alma. Perdona mis pecados. Restaura mi corazón. Hazme nuevo.

Hoy me rindo. Hoy me entrego. Hoy permito que Tu luz entre en cada rincón de mi vida. Hoy comienzo el camino de regreso.

Amén.

Sección VI

EL RETORNO A CASA

Estando Contigo desde la Madrugada

"...Dios, Dios mío eres tú; De madrugada te buscaré; Mi alma tiene sed de ti, mi carne te anhela, En tierra seca y árida donde no hay aguas..."

(Salmo 63:1)

Sección VI: EL RETORNO A CASA *Estando Contigo desde la Madrugada*

Cuando la Cruz se convierte en Hogar...

Hay momentos en la vida donde el alma no solo reconoce su pecado... sino que descubre su Salvador. Es el instante en que la conciencia despierta y la cruz deja de ser un símbolo lejano para convertirse en refugio cercano. Es el amanecer del corazón, cuando la madrugada se transforma en altar, y las lágrimas se convierten en lenguaje de redención.

El retorno a casa no es geográfico. Es espiritual. Es el regreso al Padre. Es el momento en que el alma cansada encuentra descanso en Cristo, y la vida rota comienza a ser restaurada por su amor.

Esta sección nace de un testimonio real: el despertar del alma en la madrugada, el encuentro con Jesús, la aceptación de la cruz y la experiencia de ser abrazado por Dios y por su pueblo. No es un relato de religión, sino de relación. No es un discurso de doctrina, sino una historia de transformación. No es un capítulo de emoción pasajera, sino de salvación eterna.

Lo que encontrarás en esta sección:

Capítulo 16: Mi Historia. Un testimonio íntimo sobre cómo la madrugada se convirtió en lugar de encuentro con Dios, cómo la Palabra comenzó a abrir el corazón, y cómo la cruz dejó de ser locura para convertirse en poder de salvación.

Capítulo 17: Tesoros Valiosos. Una enseñanza teológica sobre la centralidad de la cruz, la obra de Cristo como Redentor, y la diferencia entre conocer a Jesús como Benefactor y rendirse a Él como Señor. Una mirada bíblica a la salvación como regreso al hogar del Padre.

Capítulo 18: Mi Espacio Íntimo. Un capítulo compuesto por:

➢ **Diálogo Interior.** Una reflexión personal para reconocer cómo la cruz se convierte en el verdadero hogar del alma.

➢ **Susurros del Espíritu.** Palabras tiernas que revelan que Jesús no solo perdona, sino que abraza, limpia y afirma.

➢ **Hablando con Dios.** Una oración que guía al lector a aceptar la cruz, rendirse a Cristo y experimentar el retorno espiritual al Padre.

Esta sección es una invitación a volver. A dejar atrás la ciudad bombardeada del alma. A entrar en la madrugada del Espíritu. A aceptar la cruz como puerta, y a Jesús como Salvador. Es el retorno a casa… el lugar donde todo comienza de nuevo.

Capítulo 16

MI HISTORIA

Mi Retorno a Casa y Mi Transformación Intensa

Cuando Él es tu prioridad...Madrugaras buscándolo...

"...Dios, Dios mío eres tú; De madrugada te buscaré; Mi alma tiene sed de ti, mi carne te anhela, En tierra seca y árida donde no hay aguas..." (Salmo 63:1)

Llegué a la casa de mis padres frustrado, cansado, abatido. Pero ellos me recibieron con amor. Sin reclamos. Sin acusaciones. Solo amor y las puertas abiertas. Y me ofrecieron apoyo para continuar mi caminar.

Quince días después encontré trabajo como supervisor en una fábrica de chocolates. Me establecí en una rutina. Pero dentro de mí había algo nuevo: un vacío profundo, una quietud que era extraña, era como un paisaje interior lleno de escombros, como una ciudad bombardeada.

Era el resultado de una batalla perdida. El alma derrumbada. Pero ahora... con conciencia de pecado.

En medio de esa rutina, algo hermoso comenzó a florecer. Cada madrugada, alrededor de las 3 de la madrugada, me despertaba. Me arrodillaba para orar y leer las Escrituras.

Ese libro se había quedado pegado a mí desde que leí la historia de Job en aquella ciudad donde conocí el sufrimiento de mi alma. Leía... y no entendía. Pero lloraba. Siempre lloraba.

¿Qué tenían esas letras? ¿Qué pasaba con esas palabras que me hacían llorar?

Cada vez que leía las escrituras era como si Dios estuviera conmigo, sentado a mi lado y leyendo con una voz dulce y amorosa. Sentía su presencia, su amor, su cuidado. Leía, lloraba, oraba. Y le decía: "Quiero entender tu Palabra."

Leí los evangelios. Descubrí detalles que me llenaban de alegría. Pero lo más hermoso fue comprender quién es Jesús. Qué significa la cruz. Cómo se manifiesta el amor de Dios.

Algo se abrió dentro de mí. Antes no entendía. Ahora entendía perfectamente.

Comencé a experimentar sanidad espiritual y emocional. Durante ayunos y oraciones, el tiempo parecía acelerarse para cosas buenas. Viví muchas experiencias sobrenaturales. Mi cuarto se convirtió en un lugar de encuentro con Dios. Él comenzó a enseñarme muchas cosas.

Anhelaba más. Ayunaba, oraba, escudriñaba. Todo esto ocurrió en menos de un año y en mi cuarto, en la intimidad.

Recuerdo que un día decidí visitar un templo donde se congregaban algunas personas para hacer culto a Dios. Cuando el predicador hablaba, mi corazón se encogía. Quería pasar al frente. Pero algo me detenía.

Un domingo me mentalicé: "Hoy sí paso." Pero ese día... no hubo llamado.

¡Qué hermoso trabaja Dios! No es cuando uno quiere. Es cuando Él llama.

Y así pasaron los días. Hasta que un día, un sábado, una joven predicó. La miré a los ojos... y vi algo más allá que no puedo explicar. A esa persona la llamaré "S".

Cuando ella predicaba sus palabras llegaban a lo más profundo de mi ser. Mis lágrimas comenzaron a fluir. Y sin saber cómo, estaba de rodillas en el púlpito, postrado ante la presencia de Dios.

Lloraba intensamente. Era como un río fluyendo desde mi interior. Cada lágrima parecía llevarse algo malo.

Y allí, en ese altar, sentí que Jesús me abrazaba y me decía:

"Yo morí por ti. Yo te perdono. Mi sangre fue derramada para salvarte, limpiarte, purificarte."

Después, muchas personas se acercaron. Me abrazaron. Me dijeron:

"Hemos estado orando por ti. El Señor es grande. Nos regocijamos en Dios porque estás aquí."

Ya había terminado de llorar. Pero al escuchar esas palabras… volví a llorar. Lloré al sentirme amado. Por Dios. Y por otros.

Capítulo 17

TESOROS VALIOSOS

Regresando a la Casa del Padre

Cuando en el Retorno, está la Victoria…

"Me levantaré e iré a mi padre, y le diré: Padre, he pecado contra el cielo y contra ti…" (Lucas 15:18)

El retorno a Dios no es un retroceso, es un reinicio. Es el momento en que el alma cansada deja de huir y comienza a caminar hacia el Padre. Cada historia de regreso revela un tesoro: la cruz que se convierte en poder, la madrugada que se transforma en altar, las lágrimas que sanan, el llamado soberano que sorprende, el abrazo de Cristo y de su pueblo, y el camino de santidad que se abre delante de nosotros.

Este capítulo no busca teorizar, sino mostrar cómo la teología se hace vida. Cada tema que desarrollaremos está ligado a la experiencia real de un corazón que volvió a casa y descubrió que el Evangelio no es solo historia, sino poder de Dios para salvación.

El Retorno a Casa: *No es Retroceder, es Reiniciar*

Cuando el alma comienza a despertar en el Camino, no lo hace corriendo, sino arrodillada. El verdadero encuentro con Dios no ocurre en la multitud, sino en la intimidad. Es en la madrugada, en el silencio, donde el Espíritu Santo comienza a revelar la profundidad del amor de Cristo y el misterio de la cruz.

Volver a casa no es derrota. No es retroceso. No es fracaso. Es gracia. Es reinicio. Es el momento en que el alma cansada deja de huir y comienza a caminar hacia el Padre.

Jesús lo ilustró en la parábola del hijo pródigo:

"Y volviendo en sí, dijo: ¡Cuántos jornaleros en casa de mi padre tienen abundancia de pan, y yo aquí perezco de hambre! Me levantaré e iré a mi padre..." (Lucas 15:17–18)

El retorno no es un paso atrás, es el primer paso hacia adelante. Es el instante en que el pecador se convierte en hijo. Es el momento en que el quebranto se convierte en adoración. Es el inicio de un nuevo amanecer espiritual.

Tres Verdades del Retorno:

1. **El retorno es conciencia.** No se regresa por costumbre, sino porque el corazón despierta y reconoce su necesidad. El hijo pródigo "volvió en sí" antes de volver a casa.
2. **El retorno es gracia.** El Padre no recibe con reproches, sino con abrazos. No con acusaciones, sino con fiesta. (Lucas 15:20–24)
3. **El retorno es reinicio.** No se trata de recuperar lo perdido, sino de comenzar de nuevo. El Padre no le devolvió al hijo lo viejo, le dio lo mejor: vestido nuevo, anillo nuevo, sandalias nuevas. (Lucas 15:22)

Quizás pienses que volver a Dios es reconocer tu fracaso. Pero en realidad, es reconocer su misericordia. Quizás creas que regresar es perder tiempo. Pero en realidad, es ganar vida. Quizás sientas que volver es humillación. Pero en realidad, es exaltación.

El retorno no es retroceder. Es reiniciar. Es el comienzo de tu verdadera historia con Dios.

La Cruz: *De Símbolo a Poder*

La cruz no es solo un símbolo del cristianismo. Es el altar donde se consumó el amor eterno. Es el lugar donde la justicia y la misericordia se encontraron, donde el pecado fue vencido y la gracia fue derramada.

El apóstol Pablo lo expresó con claridad:

"Porque la palabra de la cruz es locura a los que se pierden; pero a los que se salvan... es poder de Dios." (1 Corintios 1:18)

Muchos han oído hablar de Jesús, pero pocos lo han encontrado. El encuentro no ocurre por información, sino por revelación. La cruz no es un dato histórico, es una experiencia viva. No es un objeto religioso, es el poder que transforma.

Tres Dimensiones de la Cruz:

1. **La Cruz Perdona.** Allí la deuda del pecado fue cancelada. (Colosenses 2:14) El pecador es declarado libre porque Cristo pagó el precio.
2. **La Cruz Abraza.** No solo limpia, también recibe. El amor de Dios se manifiesta en brazos abiertos, no en condena. (Juan 3:16–17)
3. **La Cruz Restaura**. No solo salva, también transforma. El quebranto se convierte en adoración, la vergüenza en identidad, la derrota en victoria. (2 Corintios 5:17)

En mis madrugadas, leyendo la Palabra y llorando sin entender, la cruz comenzó a revelarse no como símbolo, sino como poder. Cada lágrima era liberación. Cada versículo era alimento. Cada oración era encuentro. La cruz dejó de ser un concepto y se convirtió en mi altar personal, donde descubrí que Jesús no solo murió... sino que murió por mí.

Quizás hasta hoy la cruz ha sido para ti un objeto colgado en la pared, un recuerdo cultural, o un símbolo religioso. Pero la cruz es más que eso. Es poder. Es vida. Es el lugar donde tu historia cambia para siempre.

Aceptar la cruz no es solo un acto de fe, es una rendición escatológica: una preparación para el regreso del Rey. El que acepta la cruz, acepta al Autor de la vida. Y el que se postra hoy... se levantará glorificado mañana.

La Madrugada: *El Altar Secreto del Alma*

Cuando el alma comienza a despertar en el Camino, no lo hace corriendo, sino arrodillada. El verdadero encuentro con Dios no ocurre en la multitud, sino en la intimidad. Es en la madrugada, en el silencio, donde el Espíritu Santo comienza a revelar la profundidad del amor de Cristo y el misterio de la cruz.

Jesús mismo nos dio ejemplo:

"Levantándose muy de mañana, siendo aún muy oscuro, salió y se fue a un lugar desierto; y allí oraba." (Marcos 1:35)

La madrugada es más que una hora del día. Es un símbolo de intimidad, de búsqueda, de encuentro. Es el momento en que el ruido del mundo se apaga y el alma puede escuchar la voz correcta.

Tres Cosas que Evidencia el Madrugar Buscando a Dios:

1. **Prioridad Espiritual.** Madrugar para buscar a Dios revela que Él es lo primero en la vida. Así como en un buen matrimonio los esposos se saludan con ternura al despertar, el alma que ama a Dios abre sus ojos y lo busca antes que cualquier otra cosa. Es decirle: "Buenos días, mi Señor... aquí estoy." (Salmo 63:1: *"Dios, Dios mío eres tú; de madrugada te buscaré..."*)

2. **Sed y Hambre de su Presencia.** Madrugar es evidencia de necesidad. El corazón reconoce que no puede vivir sin la comunión divina. Es la bella condición del hombre que, en su naturaleza espiritual, anhela relacionarse con su Creador. (Mateo 5:6: *"Bienaventurados los que tienen hambre y sed de justicia, porque ellos serán saciados."*)

3. **Enfoque y Despertar Espiritual.** Madrugar para buscar a Dios es elegir la conexión divina antes de caminar en el mundo terrenal. Es reconocer que la batalla verdadera es espiritual, y que solo nutridos en el interior podemos enfrentar las luchas externas. (Efesios 6:12: *"Porque no tenemos lucha contra sangre y carne, sino contra principados..."*)

En mi testimonio, cada madrugada a las 3 a.m. evidencia estas tres realidades:

➤ Dios mi prioridad.
➤ Mi alma con hambre y sed de Él.

➤ Mi espíritu se despierta y se enfoca en lo eterno antes de enfrentar lo terrenal.

La madrugada es mi altar secreto, el lugar donde la cruz dejó de ser teoría y se convierte en poder.

Madrugar para buscar a Dios no es un ritual vacío. Es una declaración de amor, de necesidad y de enfoque. Es decirle al Señor: "Tú eres primero. Tú eres mi alimento. Tú eres mi fuerza."

La madrugada puede ser tu refugio. No porque tenga un poder místico, sino porque es el momento en que eliges detenerte y escuchar. Y en ese silencio, Dios no te da información... te da revelación. Y esa revelación transforma.

Las Lágrimas que Sanan

Las lágrimas no son signo de debilidad, son evidencia de un alma que se abre. Son el lenguaje del corazón cuando las palabras no alcanzan. Cada lágrima que fluye en la presencia de Dios se convierte en medicina espiritual, en liberación interior, en señal de que el Espíritu está obrando.

Pedro lo vivió en carne propia:

"Y Pedro, saliendo fuera, lloró amargamente." (Lucas 22:62)

Después de negar a Jesús, Pedro no encontró consuelo en argumentos ni en fuerzas humanas. Lo encontró en lágrimas. Ese llanto no fue derrota, fue inicio de restauración. Fue el río que limpió su alma y lo preparó para ser el apóstol que predicaría con poder en Pentecostés.

Tres Verdades sobre las Lágrimas Espirituales

1. **Las Lágrimas Revelan Quebranto.** No son simples emociones, son evidencia de que el corazón reconoce su necesidad de Dios.

   "Al corazón contrito y humillado no despreciarás tú, oh Dios." (Salmo 51:17)

2. **Las Lágrimas Liberan.** Cada lágrima arrastra cadenas invisibles, limpia heridas internas y abre espacio para la sanidad.

   "Los que sembraron con lágrimas, con regocijo segarán." (Salmo 126:5)

3. **Las Lágrimas te Preparan para la Restauración.** El llanto sincero abre la puerta a la gracia. Pedro lloró... y después fue levantado por Jesús para pastorear su iglesia. (Juan 21:15–17)

En mi testimonio, cada madrugada estaba marcada por lágrimas. Leía sin entender, pero lloraba. Y esas lágrimas eran liberación. No eran signo de derrota, sino evidencia de que Dios estaba sanando mi interior, preparando mi corazón para el abrazo de Cristo y la confirmación de la comunidad.

Quizás tú has llorado en silencio, pensando que tus lágrimas son inútiles. Pero delante de Dios, cada lágrima es semilla. Cada lágrima es oración. Cada lágrima es medicina.

No temas llorar en su presencia. Porque las lágrimas que hoy fluyen serán las risas que mañana celebrarán tu restauración.

El Llamado Soberano de Dios

El encuentro con Dios no ocurre cuando el hombre lo programa, sino cuando el Padre lo determina. No es cuando uno quiere, es cuando Él llama. La salvación no depende de la voluntad humana, sino de la gracia divina que sorprende y transforma.

El apóstol Pablo lo vivió en el camino a Damasco:

"Mas yendo por el camino, aconteció que al llegar cerca de Damasco, súbitamente le rodeó un resplandor de luz del cielo; y cayendo en tierra, oyó una voz que le decía: Saulo, Saulo, ¿por qué me persigues?" (Hechos 9:3-4)

Saulo no estaba buscando a Cristo. Estaba persiguiendo a la iglesia. Pero Dios lo llamó en su soberanía, y ese llamado cambió su historia para siempre.

Tres Verdades del Llamado Soberano

1. **El Llamado no Depende del Hombre.** No es por fuerza, ni por emoción, ni por decisión humana. Es por iniciativa divina.

"No me elegisteis vosotros a mí, sino que yo os elegí a vosotros..." (Juan 15:16)

2. **El Llamado ocurre en el Tiempo de Dios.** El hijo pródigo quiso regresar un domingo, pero el llamado llegó un sábado. Yo mismo lo viví: no fue cuando me mentalice, fue cuando Dios decidió.

3. **El Llamado Transforma.** No solo invita, también cambia. Saulo se convirtió en Pablo. El pecador se convierte en hijo. El quebrantado se convierte en adorador.

En mi testimonio, hubo un día en que dije: "Hoy sí paso al frente." Pero ese día no hubo llamado. Dios estaba enseñándome que no es cuando yo quiero, sino cuando Él decide. Y cuando llegó el momento, fue irresistible: las lágrimas fluyeron, mi corazón se rindió, y mi alma fue abrazada por Cristo.

Quizás has intentado acercarte a Dios en tus propios términos. Pero el llamado no depende de tu agenda, depende de su gracia. Cuando Él llama, no hay resistencia que valga. Cuando Él habla, el alma se rinde. Cuando Él toca, la vida cambia.

El llamado soberano de Dios es la evidencia de que la salvación no es obra humana, sino milagro divino.

El Abrazo de Cristo y de su Pueblo

El retorno a casa no termina en el encuentro personal con Dios. Se confirma en el abrazo de Cristo y en la acogida de la comunidad de creyentes. La salvación no es solo individual, es también colectiva. El amor de Dios se manifiesta en brazos abiertos, y ese amor se refleja en la iglesia que recibe, celebra y acompaña.

La iglesia primitiva lo vivió así:

"Y perseveraban en la doctrina de los apóstoles, en la comunión unos con otros, en el partimiento del pan y en las oraciones... y tenían favor con todo el pueblo. Y el Señor añadía cada día a la iglesia los que habían de ser salvos." (Hechos 2:42, 47)

El abrazo de Cristo se experimenta en la intimidad del altar, pero se confirma en la comunión de los hermanos. El retorno a casa es también retorno a la familia espiritual.

Tres Verdades del Abrazo Espiritual

1. **Cristo Abraza al Pecador.** Su perdón no es distante, es cercano. Es un abrazo que limpia, restaura y afirma.

   "No temas, porque yo te redimí; te puse nombre, mío eres tú." (Isaías 43:1)

2. **La Comunidad Confirma el Abrazo.** La iglesia celebra la obra de Dios en cada vida. El amor fraternal es evidencia de que el Espíritu está presente.

   "En esto conocerán todos que sois mis discípulos, si tuviereis amor los unos con los otros." (Juan 13:35)

3. **El Abrazo Fortalece el Camino.** El creyente no camina solo. La comunión sostiene, anima y protege.

   "Considerémonos unos a otros para estimularnos al amor y a las buenas obras... no dejando de congregarnos." (Hebreos 10:24–25)

Después de mi encuentro con Cristo, muchas personas se acercaron, me abrazaron y me dijeron: "Hemos estado orando por ti." Ese momento fue doblemente poderoso: sentir el abrazo de Jesús en lo íntimo, y el abrazo de la comunidad en lo visible. Llore de nuevo, no por dolor, sino por amor. Ese es el retorno completo: ser recibido por Dios y por su pueblo.

Quizás pienses que tu regreso a Dios será solitario. Pero el abrazo de Cristo siempre se confirma en la comunidad de creyentes. La iglesia no es un lugar de juicio, es un lugar de celebración. El retorno a casa no solo te devuelve al Padre, también te devuelve a la familia espiritual que te espera con brazos abiertos.

Capítulo 18

MI ESPACIO INTIMO

Donde el Alma Regresa al Padre

Antes de continuar, te invito a detenerte. A respirar. A abrir el corazón sin prisa, sin defensa, sin juicio.

Este capítulo no es para entender... es para sentir. Es un espacio íntimo, creado para ti. Aquí no hay exigencias, solo gracia. Aquí no hay presión, solo ternura.

Prepárate para mirar tu historia con compasión. Para reconocer que volver a casa no es derrota, sino reinicio. Para escuchar palabras que tu alma necesita oír: que no estás abandonado, que no estás rechazado, que el Padre te espera con brazos abiertos.

Este es tu espacio íntimo. Tu momento con Él. Tu encuentro con el abrazo que restaura, con la cruz que transforma, con la madrugada que revela, con las lágrimas que liberan.

Aquí el retorno se convierte en diálogo. Aquí el camino de santidad comienza en lo secreto. Aquí tu alma vuelve a casa... y descubre que nunca dejó de ser amada.

DIALOGO INTERIOR

Cuando el Retorno Te Muestra Quién Eres... y Quién Te Espera

Reflexión personal para el alma que necesita retornar a casa...

Detente un momento y pregúntate...

No para castigarte. No para hundirte en culpa. No para revivir errores pasados. Sino para mirar con honestidad y ternura lo que el Espíritu está revelando.

¿Has sentido ese susurro que no acusa, pero tampoco te deja igual? ¿Has notado que tu corazón estaba más lejos de Dios de lo que imaginabas? ¿Has descubierto que tu alma no necesita correr, sino arrodillarse? ¿Qué sentiste la primera vez que comprendiste que la cruz no era símbolo, sino poder? ¿Fue quebranto? ¿Fue lágrimas? ¿Fue descanso en lo profundo del alma?

El retorno no llega para destruirte. Llega para reiniciarte. El retorno no es un enemigo. Es un abrazo. Es el instante en que te ves sin máscaras, sin excusas, sin defensas. Y aunque duele, también libera. Porque cuando reconoces tu condición, ya no tienes que seguir fingiendo. Ya no tienes que justificarte. Ya no tienes que esconderte.

El retorno despierta tu conciencia y te dice: "No estás bien... pero puedes estarlo." "No eres justo... pero puedes ser perdonado." "No puedes salvarte a ti mismo... pero hay un Salvador."

Y si hoy decides mirar con compasión...

¿Podrías reconocer que no todo lo que hiciste fue por rebeldía, sino por hambre mal dirigida? ¿Podrías aceptar que muchas veces actuaste sin entender tu propia necesidad de Dios? ¿Podrías ver que tus lágrimas no fueron vergüenza, sino liberación?

Y si miras tu historia con compasión... ¿Podrías admitir que estabas perdido, pero no abandonado? ¿Que estabas confundido, pero no rechazado? ¿Que estabas en pecado, pero no sin esperanza?

El retorno no te aplasta. Te humaniza. Te recuerda que necesitas un Salvador.

Y si hoy decides buscar a Dios...

¿Podrías creer que Él no te llama para avergonzarte, sino para abrazarte? ¿Que no te revela tu condición para condenarte, sino para levantarte? ¿Que no te expone para destruirte, sino para restaurarte?

¿Podrías creer que Dios no solo quiere perdonarte... sino transformarte? ¿Que no solo quiere limpiarte... sino adoptarte? ¿Que no solo quiere que creas en Él... sino que seas y te sientas hijo?

El retorno es el susurro que te lleva a los brazos del Padre y al abrazo de su pueblo.

Y si hoy decides comenzar...

¿Podrías abrir un espacio íntimo para la verdad? ¿Un rincón donde puedas madrugar, llorar, confesar, rendirte sin miedo? ¿Podrías permitir que el Espíritu te muestre lo que necesitas entregar? ¿Podrías dejar que la luz entre, aunque incomode? ¿Podrías permitir que Dios te hable, te afirme, te limpie? ¿Podrías dar el primer paso hacia el camino de santidad que transforma?

Estando Contigo desde la Madrugada

Este diálogo no termina aquí. Es solo el comienzo. Porque cuando el alma retorna... el Espíritu comienza a hablar. Y cuando el Espíritu habla... el alma comienza a vivir.

Estando Contigo desde la Madrugada

SUSURROS DEL ESPIRITU

Regresa a Casa, Hijo Mío

Hijo mío, escucha...

No es tarde para volver. Yo no te recibo con reproches, sino con abrazos. Tus lágrimas no son vergüenza, son semillas de gozo. Cada madrugada que me buscaste, yo estaba allí, sentado a tu lado, leyendo contigo, consolando tu alma.

Hijo mío, entiende... No es cuando tú quieres, es cuando yo llamo. Y hoy te llamo. No porque seas fuerte, sino porque reconoces tu necesidad. No porque tengas méritos, sino porque mi gracia te alcanza.

Hijo mío, recuerda... La cruz no es símbolo, es poder. Ese poder es para ti. Es el altar donde consumé mi amor eterno. Es el lugar donde tu vergüenza se convierte en identidad, donde tu quebranto se convierte en adoración.

Hijo mío, confía... No caminarás solo. Mi pueblo será tu familia. La iglesia no es un lugar de juicio, es un lugar de celebración. Ellos te abrazarán porque yo ya te abracé primero.

Hijo mío, descansa... El retorno no es retroceder, es reiniciar. Es el comienzo de tu verdadera historia conmigo. Yo no te muestro tu condición para condenarte, sino para levantarte. Yo no te expongo para destruirte, sino para restaurarte.

Estando Contigo desde la Madrugada

Hijo mío, sueña... Cada madrugada será nuestro encuentro secreto. Cada lágrima será liberación. Cada oración será diálogo. Cada paso será camino de santidad.

Hijo mío, cree... Yo no solo quiero perdonarte... quiero transformarte. Yo no solo quiero limpiarte... quiero adoptarte. Yo no solo quiero que creas en mí... quiero que seas y te sientas hijo.

Hijo, Amado por mi...

HABLANDO CON DIOS
Padre, Quiero Regresar a tus Brazos

Padre…

Señor Jesús, hoy regreso a casa. Ya no quiero correr, quiero arrodillarme. Reconozco que he estado lejos, pero nunca abandonado. Hoy entiendo que el retorno no es retroceder, es reiniciar.

Me acerco a tu cruz, no como símbolo, sino como poder. Allí me perdonas, me abrazas y me restauras. Allí mi vergüenza se convierte en identidad, mi quebranto en adoración, mis lágrimas en liberación.

Gracias por llamarme en tu tiempo, no en el mío. Gracias porque tu llamado soberano me alcanzó cuando menos lo esperaba. Hoy respondo con un corazón rendido.

Haz de mis madrugadas un altar secreto. Haz de mi hambre y sed una búsqueda constante. Haz de mi enfoque espiritual un despertar diario. Que cada paso sea camino de santidad.

Gracias por tu abrazo, Señor. Gracias por el abrazo de tu pueblo que me confirma que no camino solo. Hoy me uno a tu familia, y descanso en tu amor eterno.

El retorno es mi comienzo. La cruz es mi poder. Tu abrazo es mi hogar… Amén.

161

Sección VII

TESTIFICANDO DE TI

El Espíritu que me Llevo a Proclamar

la Verdad

"Vuélveme el gozo de tu salvación, y espíritu noble me sustente." (Salmo 51:12)

Sección VII: TESTIFICANDO DE TI *El Espíritu que me llevo a Proclamar la Verdad*

El Espíritu que me llevó a Proclamar la Verdad...

Hay silencios que se rompen con fuego. Hay voces que nacen del gozo. Y hay testimonios que no se pueden callar porque el Espíritu los convierte en verdad viva.

Esta sección abre un nuevo horizonte: el paso de la intimidad privada hacia la proclamación pública. No es un tratado académico, sino una confesión ardiente: el relato de cómo el Espíritu Santo me impulsó a salir de mi cuarto, de mis oraciones solitarias, y me llevó a las calles para proclamar que Jesucristo salva.

Aquí no hay discursos elaborados. Solo un corazón encendido que aprendió que el gozo de la salvación no se guarda, se comparte. Que la fragilidad no descalifica, sino que se convierte en escenario para el poder de Dios.

Lo que encontrarás en esta sección:

Capítulo 19: Mi Historia. Testimonio, una narración honesta sobre cómo el Espíritu Santo transformó mi silencio en proclamación, y me llevó a compartir el mensaje de salvación con sencillez y poder.

Capítulo 20: Tesoros Valiosos. Enseñanza Teológica, una mirada bíblica sobre la ministración privada y pública, el poder para proclamar la verdad, y el fuego que impulsa a evangelizar espontáneamente.

Capítulo 21: Mi Espacio Íntimo. Un capítulo compuesto de:

➢ **Diálogo Interior.** Reflexión personal, un espacio íntimo para contemplar cómo el Espíritu nos llama a pasar del silencio a la proclamación.

➢ **Susurros del Espíritu.** Palabras suaves que afirman que Dios está contigo en lo secreto y en lo público, respaldando tu voz y tu testimonio.

➢ **Hablando con Dios.** Una oración que no solo pide poder, sino que entrega la fragilidad y abre el corazón al fuego del Espíritu.

Esta sección no busca solo narrar un testimonio... Busca encender otros. Porque el gozo de la salvación no es un recuerdo, es una llama. Y esa llama, cuando se comparte, se convierte en proclamación y en vida para quienes escuchan.

Capítulo 19

MI HISTORIA

No Puedo Dejar de Hablar de Ti

Cuando el gozo de la Salvación se comparte espontáneamente...

"Vuélveme el gozo de tu salvación, y espíritu noble me sustente." (Salmo 51:12)

Las experiencias espirituales en mi cuarto fueron como raíces profundas que sostuvieron mi vida interior. Allí aprendí a orar, a llorar delante de Dios, a escuchar su voz en lo secreto. Pero aquel día en la congregación, al escuchar la predicación de "S", algo nuevo se encendió en mí. Fue como si el Espíritu añadiera un complemento a lo que ya estaba formando en mi interior.

Sentí que un peso se desprendía de mi alma. La acusación que me perseguía —esa voz que me recordaba cuán pecador era— se apagó. Me descubrí ligero, como un hombre nuevo. No escuchaba reproches, sino compañía. No veía condena, sino abrazo. El gozo era tan grande que no podía contenerlo.

Necesitaba compartirlo. Compré un paquete de tratados y salí a la calle. Los repartía con una sonrisa y una frase sencilla: "Jesucristo te ama." No tenía conocimiento bíblico profundo. No sabía de teología, homilética, hermenéutica ni angelología. Pero tenía algo más poderoso: la experiencia viva de que Jesús me amaba, me había perdonado y me había dado salvación y vida eterna.

Ese mensaje no era solo una frase. Era un fuego. Era un testigo dentro de mí. Era un mensaje vivo.

Un día le dije a Dios: "Quiero leerles algo de la Biblia a las personas, pero no sé qué decirles." Tomé siete tratados, los coloqué aleatoriamente entre las páginas de la Biblia y oré. Luego salí a caminar por una plaza. Mientras caminaba, mi oración era constante: "Padre, muéstrame a quién debo hablarle."

Me detuve frente a una persona, la saludé y le pregunté si podía leerle algo de la Biblia. Me dijo que sí. Leí una porción, le presenté a Jesús como Salvador y le pregunté si quería hacer una oración para aceptarlo en su corazón. Me dijo que sí. Oramos juntos. Esa persona hizo su oración de fe.

Lo mismo ocurrió con las otras seis personas que abordé ese día. Al terminar la tarde, me arrodillé bajo un árbol de la plaza y le di gracias a Dios por haberme permitido ser usado en sus manos para transmitir su mensaje de salvación a siete personas.

Desde entonces, mi vida ya no giraba solo en ayuno, oración y lectura, sino también en salir a las calles a esparcir las buenas nuevas de salvación. Ese fue el inicio de una vida como vaso de barro, portador del tesoro del Evangelio, instrumento del Espíritu Santo para llevar el plan de salvación a otros.

Testificar no es repetir palabras aprendidas, ni demostrar conocimiento académico. Testificar es dejar que el fuego interior se convierta en voz. Es proclamar lo que Dios ha hecho en nosotros, aunque sea con frases sencillas. Es permitir que el Espíritu Santo use nuestra fragilidad como un canal para su poder.

El gozo de la salvación no se guarda: se comparte. Y cuando se comparte, se multiplica.

Capítulo 20

TESOROS VALIOSOS

La Predicación y Evangelización Espontanea

Cuando el gozo de la Salvación te lleva a Evangelizar...

"pero recibiréis poder, cuando haya venido sobre vosotros el Espíritu Santo, y me seréis testigos en......" (Hechos 1:8a)

Ministración Privada y Ministración Pública

En la vida del discípulo de Cristo existen dos tipos de ministración: la privada y la pública. Ambas son necesarias, ambas cumplen funciones distintas, y juntas forman el equilibrio de una vida espiritual madura.

La ministración privada ocurre en lo secreto, en el espacio íntimo entre el creyente y Dios. Jesús mismo se apartaba en las madrugadas para orar (Marcos 1:35). En Getsemaní, cuando su alma estaba en agonía, un ángel vino a fortalecerlo (Lucas 22:43). Estos momentos muestran que la ministración privada es el lugar donde el espíritu se renueva y el alma se reconforta en contacto directo con el Padre.

La ministración pública, en cambio, es visible y compartida. El bautismo de Jesús fue un acto público: el Espíritu descendió en forma de paloma y Juan fue testigo de la voz del Padre (Mateo 3:16-17). En Pentecostés, el Espíritu Santo llenó a muchos en un mismo lugar (Hechos 2:1-4). Estos eventos revelan que la ministración pública equipa al discípulo para accionar en otros las cosas de Dios.

La privada fortalece al creyente en lo secreto; la pública lo capacita para servir en lo visible. Una sostiene, la otra envía. Ambas son parte del diseño divino.

El Poder para Proclamar la Verdad

Jesús prometió: *"Recibiréis poder cuando haya venido sobre vosotros el Espíritu Santo, y me seréis testigos..."* (Hechos 1:8). Ese poder no es un adorno espiritual, es la fuerza que impulsa a proclamar.

Creer y callar es una cosa; creer y proclamar es otra. El poder del Espíritu Santo abre la boca del creyente para confesar que Jesucristo es el Señor, que murió y resucitó, y que todos los que creen en Él también resucitarán (Romanos 10:9).

Este poder no se limita a palabras. Es también la autoridad para ministrar milagros y prodigios, para imponer manos sobre los enfermos, para expulsar demonios y liberar a los oprimidos (Marcos 16:17-18). El poder es la herramienta que capacita al discípulo para ser testigo eficaz del Evangelio.

El Fuego y el Gozo para Evangelizar Espontáneamente

Cuando ocurre la verdadera transformación, se hace inevitable compartirla. Jeremías lo describió como *"un fuego ardiente metido en mis huesos"* (Jeremías 20:9). Ese fuego interior no permite callarse.

El gozo de la salvación se convierte en impulso natural. Así lo vivieron los primeros discípulos, que tras recibir el Espíritu no podían dejar de anunciar lo que habían visto y oído (Hechos 4:20).

Cuando el alma es tocada por la gracia, no puede permanecer en silencio. El gozo de la salvación no es una emoción pasajera, es una manifestación del Espíritu Santo. Es el canto del alma que ha sido liberada, el testimonio vivo de que la cruz no fue en vano.

David lo entendió después de su quebranto: *"Vuélveme el gozo de tu salvación, y espíritu noble me sustente."* (Salmo 51:12)

El gozo no es el resultado de una vida perfecta, sino de una redención profunda. Es el fruto de haber sido perdonado, abrazado, restaurado. *"El reino de Dios no es comida ni bebida, sino justicia, paz y gozo en el Espíritu Santo."* (Romanos 14:17)

Cuando el Espíritu Santo entra en el corazón, el alma comienza a cantar. No con melodías humanas, sino con palabras vivas: "Jesús me ama. Jesús me perdonó. Jesús me dio vida eterna." Ese mensaje, aunque sencillo, es más poderoso que cualquier tratado teológico.

El testigo no necesita saberlo todo. Solo necesita haberlo vivido. Y cuando el testigo habla, el cielo se mueve. *"Habrá más gozo en el cielo por un pecador que se arrepiente..."* (Lucas 15:7)

El gozo de la salvación es contagioso. El alma redimida no puede callar. Sale a las calles, visita hospitales, reparte tratados, ora por desconocidos. No porque sepa mucho, sino porque ha recibido mucho.

Ese gozo es escatológico. Es señal de que el Reino ha comenzado a manifestarse. Es el anuncio de que el Evangelio sigue vivo. Es la evidencia de que el Espíritu Santo está obrando.

El Camino que Canta es el camino del testigo: del que fue rescatado y ahora rescata, del que fue sanado y ahora sana, del que fue amado y ahora ama.

Capítulo 21

MI ESPACIO ÍNTIMO

Donde el Alma Aprende a Proclamar

Antes de continuar, te invito a detenerte.
A respirar.
A abrir el corazón sin prisa, sin miedo, sin juicio.

Este capítulo no es para razonar... es para escuchar. Es un espacio íntimo, creado para ti. Aquí no hay exigencias, solo gracia. Aquí no hay presión, solo ternura.

Prepárate para mirar tu voz con compasión. Para reconocer que proclamar no es obligación, sino respuesta. Para escuchar palabras que tu alma necesita oír: que no estás solo, que no estás descalificado, que el Espíritu te respalda en lo secreto y en lo público.

Este es tu espacio íntimo. Tu momento con Él. Tu encuentro con el fuego que enciende, con el poder que sostiene, con el gozo que contagia, con la ternura que afirma.

Aquí la oración se convierte en diálogo. Aquí la fragilidad se convierte en testimonio. Aquí tu alma descubre que proclamar no es un peso, sino un privilegio.

Aquí comienza el canto del testigo... y tu voz se une al coro del Espíritu que proclama la verdad.

DIALOGO INTERIOR

¿Y si tu Voz Puede Cambiar la Historia de Otros?

Reflexión personal para el alma que quiere proclamar...

¿Alguna vez pensaste que tu fe debía quedarse en silencio? ¿Que tu oración en lo secreto era suficiente, y que hablar en público no era para ti? ¿Has sentido que tu fragilidad te descalifica para ser testigo? ¿Que tu falta de conocimiento bíblico te impide proclamar la verdad? ¿Has pensado que el gozo que recibiste era solo para tu consuelo, y no para compartirlo?

Detente un momento...

No para juzgarte. No para compararte con otros. Sino para reconocer que el Espíritu Santo te ha dado un tesoro que no se puede callar.

¿Has notado que tu vida íntima de oración fortalece tu espíritu, pero que tu voz pública puede fortalecer a otros? ¿Has sentido que tu testimonio, aunque sencillo, es más poderoso que cualquier argumento? ¿Has visto que cuando compartes lo que Dios hizo en ti, el cielo se mueve en favor de quienes escuchan?

Y si hoy decides mirar con fe...

¿Podrías creer que el poder del Espíritu Santo no es solo para ti, sino para que seas testigo? ¿Podrías aceptar que tu fragilidad es el escenario donde Dios muestra su gloria? ¿Podrías confiar en que tu voz, aunque temblorosa, puede ser usada para proclamar salvación?

Y si hoy decides buscar a Dios...

¿Podrías abrir un espacio íntimo para que Él te llene de gozo y fuego? ¿Podrías dejar que el Espíritu te impulse a hablar, a orar por otros, a proclamar con valentía? ¿Podrías creer que tu historia no termina en lo secreto, sino que se expande en lo público?

Este diálogo no termina aquí. Es solo el comienzo.

Porque cuando el alma se abre al Espíritu, la voz se convierte en testimonio, y el testimonio en proclamación.

SUSURROS DEL ESPIRITU
Yo Estoy Contigo, Y te Lleno de Poder

Palabras que encienden lo que parecía apagado...

Hijo mío...

"No estás solo cuando oras en lo secreto. Yo estoy allí, escuchando cada suspiro, recogiendo cada lágrima, fortaleciendo tu espíritu."

"No estás solo cuando sales a proclamar mi nombre. Yo camino contigo en cada calle, en cada plaza, en cada encuentro. Yo pongo palabras en tu boca, aunque pienses que no sabes qué decir."

"Yo vi cuando temblaste al hablar. Yo escuché tu voz sencilla diciendo: 'Jesucristo te ama.' Yo sentí el gozo que ardía en tu interior, y lo multipliqué en los corazones que me recibieron."

"No fuiste olvidado. No fuiste desechado. No fuiste invisible para mí. Yo te escogí como vaso de barro para llevar mi tesoro."

"Yo soy tu Padre. Soy el que te sostiene en lo privado y el que te respalda en lo público. Soy el que te da poder para proclamar, fuego para evangelizar, gozo para contagiar."

"Tu historia no termina en silencio. Tu voz no está condenada a callar. Tu testimonio no se apagará, porque yo mismo lo encendí."

"Yo puedo enseñarte a proclamar con valentía. Yo puedo enseñarte a ministrar con poder. Yo puedo enseñarte a evangelizar con fuego, no desde la obligación, sino desde el gozo."

"No temas abrir tu boca. Yo estaré contigo en cada palabra. No temas proclamar mi verdad. Yo seré tu fuerza en cada confesión. No temas ser débil. Yo haré de tu fragilidad mi escenario."

"Hoy te llamo testigo. Hoy te afirmo como mensajero. Hoy te abrazo como instrumento de mi Espíritu. Hoy te doy poder donde hubo temor, y fuego donde hubo silencio."

"Yo soy tu refugio. Yo soy tu seguridad. Yo soy tu verdad. Yo soy tu Padre. Y tú… eres mío."

HABLANDO CON DIOS
Padre, Aquí Estoy...Lléname y Envíame

"Dios mío… No sé cómo empezar, pero aquí estoy. Con el corazón abierto, con el gozo que no puedo callar, con las palabras que antes temía pronunciar."

"Gracias por llenarme en lo secreto. Gracias por fortalecerme en la oración privada. Gracias por acompañarme cuando salgo a proclamar tu nombre en público."

"Hoy reconozco que muchas veces he callado por miedo. He dudado de mi capacidad. He pensado que mi fragilidad me descalificaba para ser tu testigo."

"Pero hoy… Hoy quiero comenzar de nuevo. No desde el silencio, sino desde la proclamación. No desde la timidez, sino desde el poder de tu Espíritu."

"Padre, enséñame a hablar como Tú hablas. A proclamar como Tú proclamas. A testificar como Tú me envías. A servir como Tú sirves."

"Haz de mi voz un instrumento. Haz de mi testimonio una semilla. Haz de mi caminar una proclamación de tu Reino."

"Gracias por darme poder. Gracias por encender en mí el fuego. Gracias por quedarte conmigo en cada palabra y en cada encuentro."

…En el Nombre de Tu Hijo Amado, Jesús, Amén…

Sección VIII

EL RESCATE ORQUESTADO

El Amor que Movió un Ejercito por Mi.

"…Y sabemos que a los que aman a Dios, todas las cosas les ayudan a bien, esto es, a los que conforme a su propósito son llamados…"
(Romanos 8:28)

Sección VIII: EL RESCATE ORQUESTADO

El Amor que Movió un Ejercito por Mi

El Ejército que me Rescató y me Preparó para la Victoria…

Hay batallas que parecen imposibles. Hay heridas que parecen eternas. Y hay historias que parecen condenadas a repetirse. Pero cuando el cielo despliega su ejército, la derrota se convierte en victoria y la fragilidad en fortaleza.

Esta sección abre el cierre del libro: el momento de reconocer que nunca peleé solo. No es un tratado académico, sino una confesión agradecida: el relato de cómo Jesucristo, el Espíritu Santo, la Palabra, los ángeles y la Iglesia se unieron en una estrategia perfecta para rescatarme y transformarme.

Aquí no hay casualidades. Solo un plan divino que se ejecuta con precisión: el Hijo que venció en la cruz, el Espíritu que consuela y fortalece, la Palabra que ilumina y corta, los ángeles que sirven, y la Iglesia que edifica. Todos juntos, como una sinfonía celestial, hicieron posible mi restauración.

Lo que encontrarás en esta sección:

Capítulo 22: Mi Historia. Testimonio, una narración honesta sobre cómo descubrí que el ejército de Dios estaba a mi favor, y cómo cada pieza de esa estrategia divina intervino en mi rescate.

Capítulo 23: Tesoros Valiosos. Enseñanza Teológica, una mirada bíblica sobre el ejército de Dios y sus estrategias: Jesucristo, el Espíritu Santo, la Palabra, los ángeles y la Iglesia, y cómo actúan en armonía para salvar y transformar.

Capítulo 24: Mi Espacio Íntimo. Un capítulo compuesto de:

➤ **Diálogo Interior.** Reflexión personal, un espacio íntimo para contemplar que nunca peleamos solos, y que el ejército de Dios siempre estuvo a nuestro favor.

➤ **Susurros del Espíritu.** Palabras suaves que afirman que el Padre desplegó su ejército para rescatarte, y que cada batalla fue acompañada por su presencia.

➤ **Hablando con Dios.** Una oración que no solo agradece el rescate, sino que reconoce la estrategia divina y abre el corazón a la victoria.

Esta sección no busca solo narrar un rescate... Busca despertar conciencia. Porque el ejército de Dios no es un mito, es una realidad. Y cuando el alma lo reconoce, la vida se convierte en victoria, y la historia en proclamación de su poder.

Capítulo 22

MI HISTORIA

Conociendo el Ejercito de Dios y sus Planes

Cuando comienzas a entender de lo poco a lo grande...

"...Y sabemos que a los que aman a Dios, todas las cosas les ayudan a bien, esto es, a los que conforme a su propósito son llamados..." (Romanos 8:28)

Mi vida comenzó a cambiar de manera progresiva, como una melodía que se va afinando con cada nota. El Espíritu Santo me rodeó de amistades que vivían para la oración, la vigilia y el ayuno. Hombres y mujeres que no buscaban reconocimiento, sino crecimiento espiritual. Con ellos aprendí que la fe no es rutina, sino pasión.

Trabajaba, oraba, escudriñaba la Palabra, ayunaba, vigilaba, evangelizaba y compartía con mis nuevos hermanos en la fe. Cada día era un paso más en el Camino de Santidad. Y en ese caminar, comencé a descubrir los dones espirituales que Dios había depositado en mí:

Discernimiento de espíritus: podía percibir el ambiente espiritual, tanto maligno como divino.

Don de profecía: recibía revelaciones por voz, sueños y visiones.

Don de ciencia: entendía detalles ocultos en personas y situaciones.

Palabra de sabiduría y enseñanza: recibía claridad para explicar las Escrituras.

Don de lenguas: palabras nuevas fluían en oración.

Instrucción en batalla espiritual: aprendí principios para resistir y vencer.

Cada don era como un instrumento en una sinfonía celestial. Y juntos daban sentido a mi existencia. Por fin, no solo había encontrado amor, perdón y consuelo... había encontrado mi razón de ser. Entendí que había sido escogido por Dios para trabajar en Su Reino.

Fue maravilloso. Desde que me subí al transporte del Espíritu Santo, Él comenzó a guiarme por el Camino de Santidad, a la velocidad que Su voluntad determinó. El amor del Padre, el sacrificio de Jesucristo, Su muerte y resurrección, la Palabra viva y eficaz, la actividad del Espíritu Santo, los ángeles servidores y la congregación de los santos... todos intervinieron orquestadamente para hacerme una persona nueva en Cristo.

Mi vida fue transformada por Su amor, Su gracia y Su misericordia. Y sin saberlo, todo esto era preparación. Antes de ser llamado a subir la montaña, a la cima, a un encuentro más íntimo con el Creador.

Capítulo 23

TESOROS VALIOSOS
El Ejercito y Estrategias de Dios

Cuando Jehová alista su Ejercito para la Batalla...

"Alabad a Jehová desde los cielos; Alabadle en las alturas. Alabadle, vosotros todos sus ángeles; Alabadle, vosotros todos sus ejércitos..." (Salmos 148:1-2)

El rescate del alma no es un evento aislado, es una sinfonía divina. Dios no actúa en fragmentos, sino en armonía. Cuando el Espíritu Santo toma al hombre por la mano, comienza a orquestar un proceso donde cada elemento —visible e invisible— coopera para la transformación.

Dios en su Soberanía y Poder: *La Estrategia del Rescate*

Dios diseñó un plan perfecto para salvarnos. Ese plan tiene varias piezas que trabajan juntas, como instrumentos en una orquesta:

✓ **Jesucristo, el Hijo enviado:** "*Porque de tal manera amó Dios al mundo, que ha dado a su Hijo unigénito, para que todo aquel que en él cree, no se pierda, mas tenga vida eterna.*" (Juan 3:16).

Dios nos ama tanto que envió a Jesús para salvarnos. Jesús es el regalo más grande del Padre.

✓ **El Espíritu Santo, el Consolador**: "*Mas el Consolador, el Espíritu Santo, a quien el Padre enviará en mi nombre, él os enseñará todas las cosas, y os recordará todo lo que yo os he dicho.*" (Juan 14:26)

El Espíritu Santo es como un maestro y un amigo que nos recuerda lo que Jesús enseñó y nos acompaña siempre.

✓ **La Palabra Viva:** "*Lámpara es a mis pies tu palabra, y lumbrera a mi camino.*" (Salmo 119:105)

"*Porque la palabra de Dios es viva y eficaz, y más cortante que toda espada de dos filos; y penetra hasta partir el alma y el espíritu, las coyunturas y los tuétanos, y discierne los pensamientos y las intenciones del corazón.*" (Hebreos 4:12)

La Biblia es como una linterna que ilumina el camino y como una espada que llega hasta lo más profundo de nuestro corazón.

✓ **El Ejército Celestial:** "*¿No son todos espíritus ministradores, enviados para servicio a favor de los que serán herederos de la salvación?*" (Hebreos 1:14)

Los ángeles son ayudantes de Dios. Ellos sirven y cuidan a los que creen en Jesús, como hicieron con Él en Getsemaní (Lucas 22:43).

✓ **La Iglesia:** "*Y él mismo constituyó a unos, apóstoles; a otros, profetas; a otros, evangelistas; a otros, pastores y* maestros, a fin de perfeccionar a los santos para la obra del ministerio, para la edificación del cuerpo de Cristo." (Efesios 4:11-12)

Dios nos da líderes y hermanos en la fe para que juntos aprendamos, crezcamos y nos ayudemos unos a otros.

La Obra Interior en la Persona

El rescate no solo ocurre alrededor del creyente, sino dentro de él:

El Espíritu Santo llena el corazón:

"No os dejaré huérfanos; vendré a vosotros." (Juan 14:18)

"No os conforméis a este siglo, sino transformaos por medio de la renovación de vuestro entendimiento, para que comprobéis cuál sea la buena voluntad de Dios, agradable y perfecta." (Romanos 12:2)

El Espíritu Santo nos consuela como un padre que nunca abandona, y cambia nuestra manera de pensar para que vivamos como Dios quiere.

Los Dones Espirituales:

"Pero a cada uno le es dada la manifestación del Espíritu para provecho." (1 Corintios 12:7)

"A uno le es dada por el Espíritu palabra de sabiduría; a otro, palabra de ciencia según el mismo Espíritu; a otro, fe por el mismo Espíritu; y a otro, dones de sanidades por el mismo Espíritu; a otro, el hacer milagros; a otro, profecía; a otro, discernimiento de

espíritus; a otro, diversos géneros de lenguas; y a otro, interpretación de lenguas." (1 Corintios 12:8-10)

El Espíritu Santo reparte regalos especiales llamados dones. No son para presumir, sino para ayudar a otros y servir en la iglesia.

El Crecimiento Integral:

"Tenemos este tesoro en vasos de barro, para que la excelencia del poder sea de Dios, y no de nosotros." (2 Corintios 4:7)

Somos frágiles como vasijas de barro, pero dentro llevamos un tesoro: el poder de Dios. Eso nos recuerda que todo lo bueno viene de Él.

El Propósito: *Expandir la Verdad de Dios*

El rescate no termina en el individuo, se expande hacia otros...

Proclamando la verdad:

"Que si confesares con tu boca que Jesús es el Señor, y creyeres en tu corazón que Dios le levantó de los muertos, serás salvo. Porque con el corazón se cree para justicia, pero con la boca se confiesa para salvación." (Romanos 10:9-10)

No basta con creer en silencio. Hay que decirlo con la boca: Jesús es el Señor. Esa confesión trae salvación.

Trabajando para el Reino:

"Pero recibiréis poder, cuando haya venido sobre vosotros el Espíritu Santo, y me seréis testigos en Jerusalén, en toda Judea, en Samaria, y hasta lo último de la tierra." (Hechos 1:8)

El Espíritu Santo nos da poder para ser testigos en todas partes. No solo en casa, sino en todo el mundo.

Extendiendo el Plan de Salvación:

"Estando persuadido de esto, que el que comenzó en vosotros la buena obra, la perfeccionará hasta el día de Jesucristo." (Filipenses 1:6)

Dios no deja las cosas a medias. Si empezó a cambiar tu vida, la seguirá transformando hasta el final.

Capítulo 24

MI ESPACIO INTIMO

Donde el Alma Reconoce el Ejército de Dios

Antes de continuar, te invito a detenerte.
A respirar.
A abrir el corazón sin prisa, sin temor, sin juicio.

Este capítulo no es para razonar... es para contemplar. Es un espacio íntimo, creado para ti. Aquí no hay exigencias, solo gracia. Aquí no hay presión, solo ternura.

Prepárate para mirar tu historia con esperanza. Para reconocer que nunca peleaste solo. Para escuchar palabras que tu alma necesita oír: que Jesucristo venció por ti, que el Espíritu Santo te sostiene, que los ángeles te acompañan, que la Iglesia te edifica, que la Palabra te ilumina.

Este es tu espacio íntimo. Tu momento con Él. Tu encuentro con el ejército que te rodea, con la estrategia que te rescata, con la verdad que te afirma.

Aquí la oración se convierte en confianza. Aquí la fragilidad se convierte en fortaleza. Aquí tu alma descubre que el rescate no fue casualidad, sino un plan divino.

Aquí comienza el descanso del soldado... y tu voz se une al coro del ciclo que proclama victoria.

El Amor que Movió un Ejercito Por Mi

DIALOGO INTERIOR

¿Y si descubres que nunca peleaste solo?

Reflexión personal para el alma que quiere reconocer el rescate...

¿Alguna vez pensaste que tu vida era una batalla imposible de ganar? ¿Que estabas condenado a luchar con tus propias fuerzas, sin ayuda? ¿Has sentido que el dolor era demasiado grande y que nadie podía comprenderlo? ¿Has pensado que tu historia estaba marcada por derrotas y que no había ejército que peleara por ti?

Detente un momento...

No para juzgarte. No para culpar a nadie. Sino para mirar con ternura lo que aún no has visto: que Dios levantó un ejército para ti.

¿Has notado que Jesucristo ya peleó la batalla más grande en la cruz? ¿Has pensado que los ángeles ministradores están enviados para servirte en tu caminar? ¿Has visto que la Iglesia es más que un lugar, es una familia que te acompaña y te edifica? ¿Has sentido que el Espíritu Santo es tu fuerza interior, tu consolador y tu guía? ¿Has comprendido que la Palabra es tu arma y tu luz en medio de la oscuridad?

Y si hoy decides mirar con fe...

¿Podrías creer que el ejército de Dios siempre estuvo a tu favor? ¿Podrías aceptar que tu fragilidad no era abandono, sino escenario para la victoria? ¿Podrías confiar en que tu historia no termina en derrota, sino en rescate?

Y si hoy decides buscar a Dios...

¿Podrías abrir un espacio íntimo para reconocer que Jesucristo es tu Capitán? ¿Podrías dejar que el Espíritu Santo te fortalezca y te llene de poder? ¿Podrías creer que los ángeles, la Iglesia y la Palabra son parte de la estrategia divina para tu vida?

Este diálogo no termina aquí. Es solo el comienzo. Porque cuando el alma se abre, descubre que el cielo entero se movilizó para rescatarla.

SUSURROS DEL ESPIRITU

Yo Estoy Contigo, Junto a mi Ejercito

Palabras que revelan lo que nadie vio...

"No estás solo. Nunca lo estuviste. Aunque la batalla haya sido dura, aunque el cansancio haya sido largo, aunque la herida haya sido invisible... Yo estuve allí."

"Yo vi cuando pensaste que luchabas sin ayuda. Yo escuché tu clamor en medio de la noche. Yo sentí el peso que cargaste sin entender por qué. Y hoy quiero que sepas: No fuiste olvidado. No fuiste desechado. No fuiste invisible para mí."

"Yo soy tu Padre. Soy el que envió a mi Hijo para rescatarte. Soy el que te dio mi Espíritu para consolarte. Soy el que puso mi Palabra como espada y luz en tu camino. Soy el que rodeó tu vida con ángeles servidores y con la Iglesia que te acompaña."

"Tu historia no termina en derrota. Tu alma no está condenada a pelear sola. Tu caminar no tiene que parecerse al que te dolió."

"Yo puedo enseñarte a confiar en mi ejército. Yo puedo enseñarte a descansar en mi estrategia. Yo puedo enseñarte a proclamar victoria, no desde tu fuerza, sino desde mi poder."

"No temas mirar la batalla. Yo estaré contigo en cada enfrentamiento. No temas reconocer tu fragilidad. Yo seré tu fortaleza. No temas proclamar mi verdad. Yo pondré palabras en tu boca."

"Hoy te llamo por tu nombre. Hoy te afirmo como soldado de mi Reino. Hoy te abrazo como hijo amado. Hoy te doy paz donde hubo guerra, y propósito donde hubo confusión."

"Yo soy tu refugio. Yo soy tu seguridad. Yo soy tu verdad. Yo soy tu Padre. Y tú… eres mío."

HABLANDO CON DIOS

Padre, Aquí Estoy

"Dios mío… No sé cómo empezar, pero aquí estoy. Con el corazón abierto, con la gratitud que no sabía expresar, con las palabras que nunca me atreví a decir."

"Gracias por mostrarme que nunca peleé solo. Gracias por enviarme a tu Hijo Jesucristo, que venció en la cruz por mí. Gracias por darme tu Espíritu Santo, que me consuela, me guía y me fortalece. Gracias por tu Palabra, que ilumina mi camino y corta las cadenas de mi corazón. Gracias por tus ángeles, que me sirven y me protegen en la batalla. Gracias por tu Iglesia, que me acompaña y me edifica como familia."

"Hoy reconozco que muchas veces pensé que estaba solo. Creí que mis fuerzas eran insuficientes. Me sentí débil, confundido y derrotado. Pero hoy entiendo que tu ejército siempre estuvo a mi favor."

"Padre, enséñame a confiar en tu estrategia. A descansar en tu poder. A proclamar tu verdad con valentía. A servir en tu Reino con humildad."

"Haz de mi voz un testimonio. Haz de mi caminar una proclamación. Haz de mi vida una señal de tu rescate."

"Gracias por llamarme hijo. Gracias por afirmarme como soldado de tu Reino. Gracias por quedarte conmigo en cada batalla."

…En el Nombre de Tu Hijo Amado, Jesús, Amén…

CIERRE PROFÉTICO DE LA SEGUNDA PARTE

El Ejército de Dios No Se Detiene...

"Yo vi tu fragilidad convertida en fuerza. Vi tu silencio transformado en testimonio. Vi tu oración secreta convertirse en proclamación pública. Vi cómo el Espíritu Santo encendió tu voz y la convirtió en verdad viva."

"Yo vi el ejército que te rodeaba. Vi a mi Hijo peleando por ti en la cruz. Vi a mis ángeles ministrando en tu batalla. Vi a mi Iglesia edificándote como familia. Vi a mi Espíritu llenándote de poder. Vi a mi Palabra alumbrando tu camino."

"Yo vi tu historia entretejida con la mía. Vi cómo cada herida se convirtió en preparación. Vi cómo cada caída se transformó en enseñanza. Vi cómo cada lágrima se volvió semilla de victoria."

Pero hoy te digo:

"El ejército de Dios no se detiene. La obra que comencé en ti no está concluida. El rescate no fue el final, fue el inicio. La proclamación no fue tu límite, fue tu impulso. La montaña no es un obstáculo, es tu destino."

"Hoy te llamo a subir. Hoy te desafío a avanzar. Hoy te invito a caminar hacia la cima, donde la intimidad con el Creador se revela en plenitud. Hoy te afirmo como hijo, como testigo, como soldado de mi Reino."

"Porque yo soy el que pelea tus batallas. El que despliega mi ejército a tu favor. El que convierte tu fragilidad en fortaleza. El que transforma tu historia en testimonio. El que lleva tu vida de triunfo en triunfo y de victoria en victoria."

Prepárate.

Porque lo que viene no es pausa... es ascenso.

No es repetición... es gloria.

No es final... es encuentro.

"Yo publicaré el decreto; Jehová me ha dicho: Mi hijo eres tú; Yo te engendré hoy."
(Salmos 2:7)

www.ingramcontent.com/pod-product-compliance
Lightning Source LLC
LaVergne TN
LVHW051051080426
835508LV00019B/1817